攻める
学級経営

三好真史

東洋館出版社

★——はじめに

学級経営には、安定した状態と、不安定な状態があります。

安定している学級は、子どもが落ち着いて学習に向かうことができており、教師と子どもの関係が良好であり、子どもと子どもの関係も良好に構築されています。

そのような学級には、学級の力をさらに高めていく手法が必要になります。

一方で、不安定な状態の学級では、子どもは騒がしいか、あるいは冷めきっており、学習に前向きに取り組もうとしません。

教師と子どもの関係は悪く、子ども同士のつながりもありません。

そのような学級では、学級の力が落ちる一方ですから、下降を食い止めるような手立てが必要となります。

効果的な実践とか教育技術というのは、学級の状態によって異なるものなのです。

私が学級担任をやっているころは、学んだ学級経営の実践を、片っ端から取り入れていました。

学級の状態にそぐわない実践を取り入れてしまうことで、むしろ学級がうまくいかないことも多くありました。

そこで、学級経営には2つの種類があると結論づけました。

それが、「攻める学級経営」と「守る学級経営」です。

「攻める学級経営」では、ある程度学級が安定している状態から、さらにその状態を高める手段を講じます。

「守る学級経営」では、学級が不安定な状態から、崩さないようにしつつ、少しでも安定させるための手段を講じます。

本書は「**攻める学級経営**」についてその手段を提案します。
この本を読むことにより、次のような効果が期待できます。

- **教師のリーダーシップが正しく発揮されるようになる**
- **子どもの怠惰な行動を引き締めることができるようになる**
- **子どもの悩みに向き合えるようになる**
- **パフォーマンスについての意識が変わる**
- **子どもを伸ばす授業がつくれるようになる**
- **学級を組織としてまとめられるようになる**
- **学級力を底上げできるようになる**

子どもたちの力を今よりもっと向上させていくためには、手立てが必要です。
本書を通じて、子どもをさらなる高みへと引き上げていきましょう。

目次

第一章

リーダーシップを発揮する

★1――「お友達先生」にならない

◉信頼関係を結ぶ前に厳しい先生であれ

攻める学級経営を実施していくに当たり、まずは教師のあり方から考えましょう。

教師の中には、子どもとの距離をできるだけ縮めようとして、「お友達」から始めようとする人がいます。

「厳しい叱責なんて、とんでもない。まずは関係性をつくることが大切なのです」などと言って、優しい教師になろうとする。近所のお兄さん、お姉さんのようになるのです。

特に、教師になったばかりの若い先生によく見られる傾向があります。

でも実は、これはかなりの勘違いです。

「優しい教師」はキケンです。**4月の時点で、子どもから「今年の先生は優しいんだよ」などと言われるようであれば、かなり危ないと思ったほうがいい。**

優しさに徹する教師の中には、「子どもに気に入られたい」がために、優しくなろうとしている人もいることでしょう。

でも、子どもに気に入られるようにしたければ、「優しい教師」ではいけない。
むしろ、厳しさのほうが必要なのです。

考えてみましょう。
子どもたちが、学校生活の中でもっとも「おそれる」ものは何でしょうか。
いろいろとありそうですが、代表的に考えられるのは「いじめ」です。
子どもは、いじめによって、心身を傷つけられたくないと思っています。
そこで子どもは教師の動きを見ています。見ながら次のように考えています。

「この先生は、私がいじめられたときに、厳しく叱っていじめを止めてくれるだろうか」

もしも先生が優しくて、みんなの言うことに迎合するような態度ばかりを見せていたとして、
そんな教室でいじめが起こってしまったならば……
自分を守ってもらえません。いじめられてしまうかもしれません。
したがって、その先生のことは「信頼できない」ということになってしまいます。

学級崩壊なんかも、そうでしょう。

ヤンチャな子どもが暴れ出したときに、教師が止めてくれるかどうか。

教師のリーダーシップのもとに、教室を安定させてくれるかどうか。

安心して過ごすことができるかどうか。

子どもは、そのような教師の統率力を見ているのです。


学級の中での「警察官」のような役割を担えるかどうかを、子どもは観察しているのです。

だから、優しいばかりの教師でいては、「頼りがいがない」ということになってしまいます。

子どもは、教師の厳しい指導で、教室に秩序をもたらせてほしいと願っています。

秩序の安定した集団の中で安心して一年間を過ごしたいと思っているのです。

子どもを守り、秩序を保てるようにするために、まずは「厳しい教師」であるべきでしょう。

◉厳しさに「楽しさ」をプラスする

ただし、厳しいばかりでいるのも問題です。はじめから小難しいような顔をして、堅い小言ばかり述べる教師であれば、これはこれで、子どもが離れていってしまいます。

「今年はおもしろくない一年になりそうだ……」と感じさせるのもよくありませんね。

動画文化に慣れ親しんでいる今の時代の子どもを惹きつけるには、「おもしろさ」も必要です。

まずは厳しく。

その上に、おもしろさを加える。

そういうような感覚でいるといいでしょう。

まとめてみると、子どもの認識としては、次のいずれかのようになればよいということになります。

- **おもしろいけどこわい先生**
- **厳しいけど楽しい先生**

はじめは、厳しすぎるくらいでもいい。

後から「優しい先生」になることは可能なのです。

でも、後から「厳しい先生」になるのは相当に難しいのです。

優しい姿に関しては、後々からちょっとずつ見せていくようにしましょう。

★2——賢い教師になりつつ、気持ちをくみとる

◉賢くなければ、教師の役割は果たせない

教師は、授業で教科内容を教えています。

ここで考えてほしいのですが、あなたは教えている教科の内容について、詳しく知っているでしょうか。特に、小学校高学年ともなれば、一日に複数の教科を教えることになるし、内容もなかなかハイレベルです。そのうえ、行事などが忙しいため、勉強する時間というのは、なかなか取りにくいものです。

「勉強する時間もないし……」ということで、あまり予備知識のないまま授業を行うこともあるかもしれません。

ある条件のもとで行われた研究では、**「子どもたちは相対的に無知な人と見えてしまう大人からは多くを学ばない」**という結論が見いだされています。

たとえば、あなたが社会科の教師で歴史について教えているけれども、「子どもと同じくらい

にしか歴史について知らないようなレベル」ならば、その教師は授業者としての役割を果たせていないということになります。

ここでもしかすると「いやいや、子どもたちとともに考えるんだから、子どもと同等でいいんだ」という声が上がるかもしれません。

でもそれは、教師側からの考えでしかないのです。子どもからしてみれば「なんだ先生、全然歴史について知らないじゃないか」「僕たちと同じくらいじゃないか」と感じとらせてしまう。**その結果、教師を信頼しなくなり、「この先生のもとで学ぶことはない」と、学ぼうとしなくなってしまうということが起こり得るのです。**

教師としての信頼を得るためにも、まずはきちんと教科について精通できるようになりましょう。全教科すべてを網羅するのがすぐには難しいようであれば、得意な教科から勉強を始めてみましょう。

◉賢くなると、できない子どもの気持ちがわからなくなる

さて、ここまでは、「教師は賢くあるべき」という話をしました。

賢くなることは必要なのですが、賢くなればなるほど落とし穴が生じてしまいますので、そこにも気をつけなくてはなりません。

それが、「**熟達者の罠**」です。

熟達者というのは、物事に対して秀でている人のことです。**熟達者は、「ある課題が初心者にとってどれくらい難しいことなのか」ということに鈍感になってしまいがちです。**

パメラ・ハインズの実験では、こんなものがあります。

携帯電話を使ったことがない人がその使い方を学ぶのに、どれくらいの時間がかかるのかを見積もります。

「携帯電話の扱いに熟達している人（携帯電話会社のベテラン販売員）」と、初心者（携帯電話を使ったことがない人、もしくは少し使ったことがある人）では、どちらがより正確に見積ることができるかを調べたところ、初心者の方がより正確に見積もることができました。

携帯電話の使い方に熟達している人は、初心者よりも明らかに精度が低くなっていたのです。

ハインズ博士は、この実験結果から、「**人は技能を習得すると、その技能の難易度を軽視し始める**」という結論をまとめています。

このことは、教師にも十分にいえることなのです。

たとえば、私は器械運動が得意です。小学校から大学卒業までやっていましたので、小学校教師になったときには、「全員できるようにしてやるんだ！」と気合いを入れていたものです。基本技の「前転」は1時間くらいでサッサと教えきって、「開脚前転」をやりたいと考えていました。

ただ、現実はそううまくはいきません。なかなか前転ができるようにならないのです。

私の思いは、「前転ができないって、どういうこと!?」です。

そもそも器械運動が得意だった私は「前転ができない」という悩みを抱いたことがないので、どうやれば前転ができるようになるのか、見当もつかなかったのです。

結果として、きちんと教えられるようになるまで、かなりの時間を要しました。

これも、熟達者の罠です。**つまり、器械運動が得意だからこそ、器械運動ができない子どもの気持ちがわからなくなってしまい、「技能の難易度を軽視してしまっていた」「適切な指導ができなかった」ということなのです。**

まず、教師は賢くなければいけません。

しかしながら、その道に抜きんでている人が、教え上手かと問われれば、そうではないということになります。**むしろ、学べば学ぶほど、教えるのが難しくなるということも起こり得ます。**

きちんと知識を身につけつつも、子どもが求めている指導とのギャップが生じないように、子ども目線に立って授業を構築していきたいですね。

★3――情熱をもつ

◉教育への情熱は、子どもに伝わる

あなたがよりよい教師になりたいのであれば、情熱をもつことが不可欠です。

情熱をもつというのは、「どの子どももできるようになる」と信じることです。「あの子はできない子どもだから」とか、「この学年の子どもはできない子どもたちだから」として見捨てるのであれば、決して子どもの力を伸ばす教師にはなれないでしょう。

ビル＆メリンダ・ゲイツ財団は、３０００人の教師を対象として、子どもの力を高める教師と、そうでない教師との差を比べました。

そして、差の一つとして「情熱」を挙げました。

子どもの力を高める教師は、「知性は固定したものというよりも、可変的なものである」と信じている、とするのです。

この調査では、子どもに対してのさまざまなアンケートが行われました。

たとえば、「私の先生は、子どもが事象についてどのように感じているかを本当に理解しようとしてくれているか」という子どもへのアンケートがあります。
子どもの力を高める教師に対しては、68%が肯定的な意見を述べました。
一方で、そうでない教師に対しては、35%という結果にとどまっています。
子どもは、教師が情熱を抱いているかどうか、感じとっているといえます。
ゾーン博士・コルター博士の論文には、次のような言葉が述べられています。

> 情熱的に関与する教師は、行っていることを全面的に大切に思っている。彼らは、生徒が追究し、その学習の内容や方法を習得するためのより効果的な方法を絶えず求めている。彼らは、世界や他者や彼ら自身についてできるだけ多く学び、他者が同様に支援することを個人的な使命と感じている。

教師の教育の情熱は、子どもに伝わるのです。

だから、子どもの性分のせいにしないで、「**必ずできるようになるはずだ**」と信じましょう。

★4――哲学をもつ

◉教師の哲学は教育基本法にある

公立学校の教師という職業は、教育公務員です。

税金から給料をいただいている、ということになります。

自治体とか国というのは、公金を使用して、教師に一定のパフォーマンスを求めているのです。

その責任は、かなり重いものだといえることでしょう。

教師が学校の中で果たすべき職務とは何か。

「教師といえば、学校を動かすことが目的じゃないの」と言っているようではよくありません。

ピーター・ドラッカーは、著書『マネジメント』の中で、次のように述べています。

> 企業をはじめとするあらゆる組織が社会の機関である。組織が存在するのは組織自体のためではない。自らの機能を果たすことによって、社会、コミュニティ、個人のニー

ズを満たすためである。組織は、目的ではなく手段である。したがって問題は、「その組織は何か」ではない。「その組織は何をなすべきか。手段は何か」である。

学校も、組織の一つです。「学校運営そのもの」が目的ではないのです。教育には目的があって、これを目指して行われるべきものです。

教育の基本となる方針があります。

それは、**教育基本法第1条「教育の目的」**です。見てみましょう。

教育は、人格の完成を目指し、平和で民主的な国家及び社会の形成者として必要な資質を備えた心身ともに健康な国民の育成を期して行われなければならない。

この一文が現在の日本における「教育の目的」に当たるわけです。

目的があるからこそ、進むべき道が明らかになるのです。

学校は、団結してこの目標に向けて進むことになっているのです。

◉あなたの教育哲学は？

では、次は個人レベルで考えてみましょう。

個人レベルで教育の目的になるものが、教育哲学です。

あなたの教育哲学は、何でしょうか。

平たくいってみれば、**「あなたは何のために、どういう信念をもって、子どもを教育するか」**ということです。

教師には日々判断が委ねられます。

ほめたり、叱ったり、励ましたり……

その指導の一つひとつに染み渡るものが、教育哲学だといえます。


子どもの力を伸ばす教師には、教育哲学があります。

「なぜその状況でその指導をしたのか」が即座に明確にいえるはずです。

あなたが最近した指導を一つ思い返してみてください。

たとえば、「宿題を忘れてしまった子どもに対して叱った」というのであれば、それについて考えてみましょう。

その指導には、どのような哲学があるのでしょうか。

哲学のない教師ならば、「宿題なんて家でやってくるものだから」としかいえない。そこに深い考えがないから、答えられないのです。

たとえば教育哲学として「自律した学習者を育てる」を掲げている教師ならば、「自律した学習者を育てるために叱った」と答えるでしょう。

ただ、そのように考えている教師であれば、子どもに対して「宿題をやってこないのはなぜか」を質問することでしょう。

そして、やり遂げるためにはどうすればいいのか、一緒に考えることになります。

方策を一緒に考えたにもかかわらず、それを無下にしてしまうような子どもに対しては、叱る必要がある。

こうなれば、「子どもの自律心を育てるために叱っている」と述べることができるわけです。

このように哲学があれば、それをもとにして子どもたちへの指導を考えることができるようになります。

さらにいえば、子どもへの指導が適切だったのかどうかを、省みることができるのです。

まずは、教師がどのような哲学や思いをもっているのか。

これを考えなくてはならないのです。

土台となる「教育の目的」は、教育基本法があるため、全国一律です。

でも、人生経験も勉強量もちがう教師の「個人の思想」は、同じであろうはずがないのです。ちがっていてもよいのです。

この思想が不明確な教師は、行き当たりばったりで、誰かのマネをくり返すだけの指導になります。

そうなると、子どもたちに指導するべき場面で、ある日は厳しく怒鳴り、またある日は見過ごしてしまう、ということになってしまいます。

指導に一貫性がなくなるのです。

子どもたちにしてみれば「先生は言っていることがバラバラだ」と感じられてしまいます。

信頼感を失ってしまい、最悪の場合、学級崩壊という結末を迎えてしまうことになるのです。

だから、誰に何と言われようとブレないような教育哲学をもち続けることが大切なのです。


「何のために教室に集まるのか。なぜここで学ぶのか」

「どのようなことを学んでほしいと考えているのか」


これらについて考え、自分の教師の根本となる部分をとらえるようにするのです。

◉東井義雄の教育哲学

教育者の東井義雄先生は、『村を育てる学力』という書籍の中で、次のように教育哲学を述べています。

> 村を愛し、自分の毎日の生活を愛し、大じにしている学習によって、子どもに主体性を確立してやることはできることだし、それによって「学力」の昂揚をはかることができるばかりか、子らに生きがいを目ざめさせることもできると思うのである。
> 「村を育てる学力」は、子どもを村にしばりつけておくための学力ではなくて、子どもに、生きがいを育てる学力なのである。

東井先生の教育哲学が、ありありと描かれています。

ここまで明確にいえずとも、せめて1フレーズで自分の哲学を語れるようになっておきたいものです。

たとえば、次のような内容が考えられます。

「未来を生きる力を育てる」

「自己に厳しく、他者に優しい態度を養う」
「幸せになる力を育む」
「幸せになる範囲を自分から広げる子を育成する」
「楽しく生きる子を育てる」

ちなみに私の教育哲学は「**自律した個を育てる**」です。

それでは、考えてみましょう。
「あなたの教育哲学」は、何ですか。

★5——哲学を語る

◉哲学を口にしているか

教師が哲学をもてたならば、次に、その哲学を教師が語っているかどうかを考える必要があります。

教師がどれだけすばらしい哲学をもっていたとしても、それを子どもに語っていなければ、教育的な効果を生み出すことは考えられません。

教師が、自分の言葉で、それを語り続けていることが必要です。

何度も何度もくり返して同じことを伝えてもよいのです。

むしろ、何度も何度も言ったほうが、より子どもに大切なこととして染み渡ることでしょう。

「口に出して伝えるのが苦手」というのであれば、紙に書けばよいのです。

学級通信などに書いて、配布すればよいのです。

たとえば私は、「自律」という教育哲学に関して、次のように伝えています。

「学校というのは、車の教習所と似ています。教習所では、『ハンドルを握って』とか『ブレーキを踏んで』とかいうように、教習所の先生が運転の仕方を教えてくれます。でも、最後には1人で外を運転できるようになります。学校もこれと同じで、先生は君たちの人生についていくことはできない。今は先生が『きちんとしなさい』と言っているけれども、君たち個人が、自分の力で人生を幸せに生きていけるようになってほしい。そのための力を、学校で培ってほしいと思います」

叱るときでも、「自律」を軸にして伝えます。

「このまま、あなたたちが卒業していくというのは心配です。自律できていないところが、あまりにも多過ぎるからです」

哲学をもとにして、ほめることもあります。

「先生の打ち合わせが長引いたときに、先生がいなくても、自分たちで考えて行動できていた。こういうところに、君たちの自律の力を感じました」

このようにして、要所へ哲学に関する話を散りばめていくのです。

授業でも、日々の生活の中でも、行事の後でも……

何度も何度も子どもへ伝わるように、教育哲学について語り続けていきます。

★6——哲学を体験させる

◉体験できてこそ理解できる

「語れば終わりか」というと、そういうわけではありません。

さらに、それが「活動」として練り込まれているかどうか。

言葉尻で伝えるだけではなくて、子どもに体感させることができなければいけません。

たとえば、あなたが「自律」を哲学として大切にしている教師だとします。

ある日に、全校で集まる朝会があります。

子どもを運動場に整列させなくてはなりません。

子どもたちに対して、どのような手立てを打つべきでしょうか。

5つの選択肢から選びましょう。

① 黒板に「今日は朝会です。8：15～運動場へ出ましょう」と書いたうえで、さらに

子どもに「さあ、8：15になりましたよ。着替えましょう」と呼びかける
②　黒板に「今日は朝会です。8：15〜外へ出ましょう」と書く
③　黒板に「今日は朝会です。自分たちで考えて動きましょう」と書く
④　黒板に「今日は朝会です」とだけ書く
⑤　何も指示を出さない

教師が「自律を大切にしてほしい」という哲学をもって、「自律できるようになろう」と伝えていたとします。

そこで①のように、何もかも逐一教師が指示を出しているようでは、どうでしょうか。

「ハイ。もう、早く準備をしなさい！　朝会が始まりますよ。並びなさい」
「はい、次は移動しなさい」
「遅いですよ。急ぎなさい。ああ、もう、早くしなさい！」

こんな声かけを続けているとすれば、子どもたちは永遠に自律することはできないでしょう。

この項目の中で、1番自律できている学級は、どれでしょうか。

⑤の状態ですね。

子どもが自分たちで月間スケジュールを確認して、「今日は全校朝会があったな」と考え、「運動場へ出よう」とお互いに呼びかけ合い、整列する。かなり自律的といえます。

ただし、はじめからそんなことはできません。やはり段階というものがあります。

ふつうのクラスでできるのは、せいぜい③のあたりでしょう。

そこで、③のようにして黒板に書いて、子どもの動きを見る。その動きを朝会の後に評価するわけです。これで、教師としての哲学を伝えつつ、実際に体感させていることになるのです。

それで、徐々にレベルを高めていき、最終的には⑤のようにして教師が何も言わずとも、自分たちで行動できるように育てていくのです。

このようにして体感し、評価されて、そこで初めて子どもたちは、「ああ、先生の大切にしてほしい『自律』っていうのは、こういうことなんだな」と気づくことができるのです。

あなたの教育哲学を子どもたちに体感させるためには、活動をどのように工夫すればよいでしょうか。５つ程度の段階に分けて考えてみましょう。

★7――やり抜く力を育てる

◉成功する人は能力が高いわけではない

教師は、子どもたちを育てます。子どもたちの幸せを願わない教師はいないでしょう。

子どもたちが、それぞれの人生において成功してほしいと考えています。

「成功する人」と、「一般的な人」とのちがいは、何でしょうか。

「成功する人は、賢いのではないか」

「才能があるのではないか」

そのように考えられがちなものです。

ただ、世の中で成功して偉大な成果を上げている人は、必ずしも成績がよいものではありません。才能に満ちあふれる人ばかりではないのです。

たとえば、『種の起源』を書いたダーウィンは、瞬時に洞察を得るような鋭いタイプではありませんでした。むしろ、コツコツとじっくり取り組むタイプだったそうです。

本人の自説には、裏づけとなるくだりがあります。

> 頭のいい人のなかには、直感的な理解が卓越している人がいるが、私にはそうした能力はない
> 私がふつうの人より優れている点は、ふつうなら見逃してしまうようなことに気づき、それを注意深く観察することだろう。観察にかけても、事実の集積にかけても、私は非常に熱心にやってきた。さらに、それにも増して重要なことは、自然科学に対して尽きせぬ情熱を持ち続けていることだ

ダーウィンは、大概の人ならとっくにあきらめて、もう少し平易な問題に取り組むような場合でも、あきらめずに同じ問題をひたすら解き続けたと書かれています。

ここから、「頭のよさ」が偉業に結びついたのではない、ということが見えてきます。

アメリカのスタンフォード大学の心理学者キャサリン・コックス博士は、「一般的な人」と「偉人」との相違点は、次の2つにまとめられるとしています。

【情熱】

・遠くの目標を視野に入れて努力している

・いったん取り組んだことは気まぐれにやめない

【ねばり強さ】

・意志力の強さ、ねばり強さ

・障害にぶつかっても、あきらめずに取り組む

総括として、コックス博士は次のように結論を述べています。

知能のレベルは最高ではなくても、最大限のねばり強さを発揮して努力する人は、知能のレベルが最高に高くてもあまりねばり強く努力しない人より、はるかに偉大な功績を収める

つまり、ちがいは「**やり抜く力**」の差なのです。

このやり抜く力は、英語で「GRIT」と呼ばれています。

◉あなたはどうか?

では、あなた自身はどうでしょうか。何かをやり抜いた経験はありますか。

私にとってみれば、この本と、もう一冊『守る学級経営』を一夏で書ききっているわけで、今これを書きながら「それなりにやり抜いているのではないか」と考えています。

……とはいえ、やめてしまったことも数知れずあります。

先日は、字が汚いのがイヤなので、習字教室に体験に行ってみましたが、「これはあまりおもしろくないな」と感じて、やめてしまいました。

人が何かをやめてしまうときの言い訳は、次のようなものです。

「つまらない」

「そんなにがんばる価値はない」

「自分にとって重要ではない」

「どうせムリだから、もうやめたほうがいい」

偉業を成し遂げた人でも、目標をあきらめることはあります。

ただし、重要度の高い目標であれば、歯を食いしばってでも、最後までやり遂げようとします。

私の行為は偉業ではありませんが、目標は「教育を通して世界を明るく楽しくすること」ですので、本書2冊の制作は、最後まで投げ出すことはしません。

大事なのは、たった一つの究極の目標があって、行動がその目標達成に向けられていることなのです。

◉やり抜く力4つの特徴

成熟した「やり抜く力」について、ペンシルバニア大学のアンジェラ・ダックワース教授は次の4つの特徴を挙げています。

①興味

――自分のやっていることを心から楽しんでこそ「情熱」が生まれます。

②練習

――「昨日よりも上手になるように」と、日々の努力を怠りません。

③目的

自分の仕事は個人的におもしろいだけでなく、ほかの人々のためにも役立つと思えることが必要です。

④希望

最初の一歩を踏み出すときからやり遂げるときまで、時には困難にぶつかり、不安になっても、ひたすら自分の道を歩み続ける姿勢は、はかり知れないほど重要です。

このGRITの考えは、平成29（2017）年改訂小・中学校学習指導要領にも「主体的に学習に取り組む態度」の側面の1つ「粘り強く学習に取り組む態度」と通底しています。

「やり抜く力」は、先天的な能力ではなくて、日々の生活を通して高めることのできる力とされています。

★8――子育ての4つのパターン

◉4つの育て方

子どもを指導していくうえでは、「厳しくあるべきか」それとも「優しくあるべきか」など、悩むところではないでしょうか。実験結果をもとにして、教師のあり方について考えていきます。

2001年、心理学者ローレンス・スタインバーグ博士が行った実験があります。

約10000人のアメリカの10代の子どもたちに対して、「親の行動」に関するアンケートを取りました。親が、どのように子どもと接したり、言葉をかけたりしているかを調査したのです。

その結果、「温かくも厳しく子どもの自主性を尊重する親」をもつ子どもたちは、ほかの子どもたちよりも学校の成績がよいということがわかりました。

性別や民族性、社会的地位、婚姻区分にかかわりませんでした。

さらにいうと、そのような子どもたちは、次のような結果も明らかになりました。

・**不安症になる確率が低い**
・**うつ病になる確率が低い**
・**非行に走る確率が低い**

すばらしい結果ではないでしょうか。

ただ、「温かくも厳しい」という言葉について、なんだか違和感を覚えませんか。

私たちは「温かい」というのと「厳しい」というものを「どちらかにすべきではないか」と考えがちです。でも実は、これらは両立できるものなのです。

ダックワース教授の提唱する図を紹介します。

ダックワース教授は、子育ての方法について、次の2つの規準をもとにして考察しています。

・**子どもに対して要求するか、しないか**
・**子どもに対して支援を惜しむか、惜しまないか**

これらの2点の規準を軸にして、それらが強いか弱いかによって、4つのパターンに分けられるとするのです。

図１｜子育ての４象限

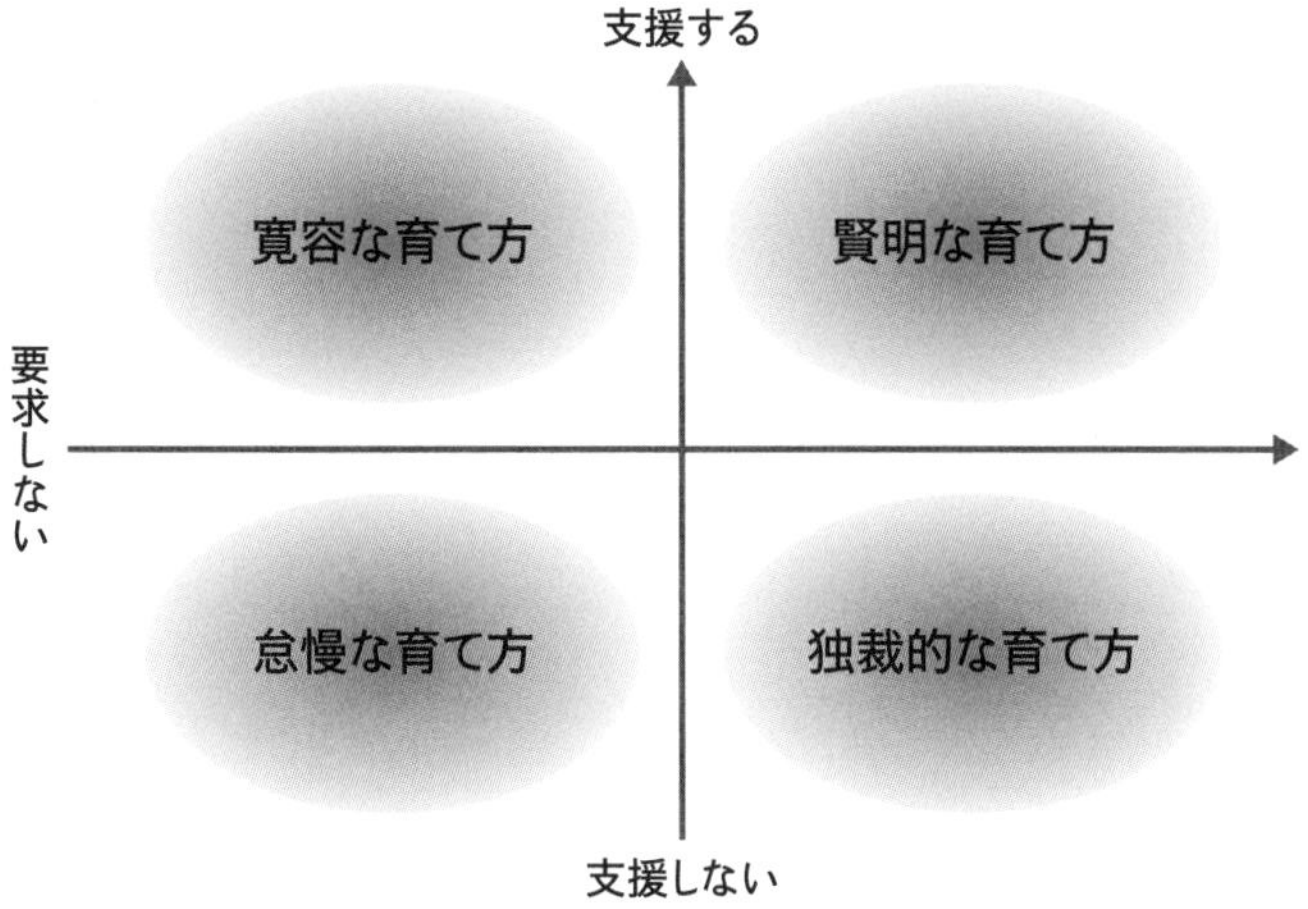

そして、それは親だけではなく、教師を含める指導者にもいえることだとしているのです。

ここでは、それぞれの育て方についてまとめていきます。

①賢明な育て方（要求する・支援する）

ここに含まれる指導者は、さっきの「温かくも厳しく子どもの自主性を尊重する親」と同じです。子どもの心理的な要求を正確に判断しています。子どもの能力を最大限に引き出すためには、愛情と自由を与えるとともに、限度を示すことも必要であることを理解しています。そのような指導者の毅然とした態度は、権力ではなくて、知識と知恵にもとづいています。

②独裁的な育て方（要求する・支援しない）

子どもに厳しい要求を突きつけます。その割には、手をさしのべることのない指導者です。そうなると、自分の要求が尊重されていないため、自主性が育たず、不安を感じたり、非行に走ったりすることが考えられます。学級においては、子どもたちに厳しく言うけれども、フォローのない教師です。学級の統制はあるけれども、不登校などの問題が生じるようになります。

③寛容な育て方（要求しない・支援する）

子どもに支援は惜しまないけれども、あまり要求しない指導者が当てはまります。子どもはのびのびと過ごしますが、要求されることもないため、成績の向上などはなかなか見られません。子どもたちの自主性を重んじるあまりに、しつけられておらず、だらしのない面が見られることもあるでしょう。

④怠慢な育て方（要求しない・支援しない）

ここには、子どもに対して何も要求せず、支援もしないような指導者が該当します。厳しく言うこともなく、子どもたちを支援することもないわけですから、「ただ教室で子どもの前に立ち、授業をする人」という立場で教師を続けているような人です。怠慢な育て方をした場合

――には、情緒的に非常に危険な状態が生じるとされています。

「高い要求」と「惜しみない支援」を組み合わせることで、学力を伸ばし、子どもの満足度を高め、将来に大きな希望を抱かせるようになれるのです。

◉斎藤喜博の要求と支援

教育実践家について調査していると、「賢明な育て方」をしていたことが見てとれます。

斎藤喜博先生は、1952年から11年間に及ぶ群馬県佐波郡島小学校で「授業」のもつ可能性を示した実践家です。

斎藤喜博先生の教え子は、先生について次のように述べています。

> 私が六年のはじめにこの学校へ来たとき、私はまだ先生を知らなかったが、みんなが、「うんときびしい先生だけれどとてもいい先生だよ」といっていた。私は早く先生が見たいと思いました。はじめて先生を見たときずいぶん背の高い人だと思った。だんだんなれてきて先生は向こうにいたときの先生とちがった人だと思いました。叱るときは全部の人を叱り、やさしいときはやさしくてとてもていい先生だと思いました。はじめは

なれなくて手をあげるのもはずかしいくらいでした。先生は私たちのためになることやいろいろなことを気をつけてくれました。よい勉強ができなくて自分たちであやまりに行ったこともあります。そのときやっぱり自分たちが悪いからだと思いました。また先生が私たちをとても心配してくださることもありがたく思っています。「あたいたちの先生ぐらい、いい先生はないよ」と皆はほおをまるくしていいます。それほどみんなは先生のことばかりいっています。

先生はなぜ会礼へ出ないかちっともわかりません。外へ出て運動をすればじょうぶになると思いました。先生がうんとじょうぶになればほんとうにいいと思います。

この作文を見ても、斎藤先生が厳しさをもって子どもたちに「要求」し、それでいて子どもたちを「支援」していたことが伝わってきます。

教師は、子どもに「こう育ってほしい」と追い求めるべきでしょう。

それと同時に、心から子どものことを思い、自主性を尊重して見守るようにします。

そうすると、それが相手にも伝わり、よい変化が起こるのです。

第二章では「子どもたちに厳しく要求する」という内容について、次いで第三章では「子どもたちをあたたかく支援する」ことについて述べていきますので、参考にしてください。

コラム1

健全な笑いが起こるか

学級経営が「攻めるべきか」「守るべきか」というのを見分けるのに、一つの指針があります。それは、「健全な笑いが起こるか」どうかです。

集団が健全である場合には、適切な場面で笑いが起こります。

たとえば、教師がふと漏らした一言とか、クラスメイトの些細な言動に対して、ごく自然に笑いが起こるようであれば、その集団は健全であるといえるでしょう。

職員室なんかでも、そうではないでしょうか。健全な職員室であれば、自然な笑いが起こるものです。「もう、○○先生ったら」などというように、温かな雰囲気に包まれる。

一方で、笑いが起こらない職員室というのもあります。管理職に不満をもっていたり、大御所の数名が冷戦を起こしていたりするような場合にあり得ます。

集団に緊張状態があり、そこで心休まることがない……そういう職員室も、割とあるものです。

教室に笑いが起こるかどうかを確かめるためには、教師がちょっとした冗談を言ってみればいいのです。

冗談を言うことに気が引けるようであれば、教室のお調子者タイプの子どもの行動に対して、周囲がどう反応するかを見てみましょう。

そこに自然な笑いは起こっているでしょうか。

集団に一致するような笑いが起こるのであれば、それは「攻める学級経営」を進めてもよいでしょう。

しかし、まったく反応がなかったり、あるいは一部の子どもだけが冷笑したりしているような状態は、「攻める」べきではないかもしれない。どちらかというと、「守る学級経営」に努めるべきでしょう。

教室の「笑い」は、学級経営の状態を見極める要素になります。

子どもの反応を観察してみましょう。

第二章

厳しく要求する

★1——局面指導を心がける

◉その局面を、どう変化させるか

・チャイムが鳴っているのに、ダラダラしている
・掃除の時間なのにおしゃべりに興じている
・登校してから、なかなか準備をしない

学校生活の中で、そんな不適切な行動が見られることはありませんか。

子どもたちが不適切な行動をしている場合には、「**局面指導**」を心がけましょう。

局面指導というのは、群馬県の元小学校教師、深澤久先生の造語です。

局面指導とは、「ある場面における子どもたちの不十分・不完全な言動をよりよい方向に正すための指導」と定義されています。

これは、さまざまな区切りや対象を相手に行います。

時間の枠でいうと、「朝」「授業中」「掃除中」「給食中」「帰りの準備中」「放課後」など。対象については、「個人」「小集団」「学級全体」「学年全体」「学校全体」などが挙げられます。「局面指導」の力量をもっている教師のもとでは、子どもたちは総体として「正しく」成長していくとされています。

◉時間を守らない子どもへの局面指導の例

たとえば、理科室や体育館など、移動教室の際に、遅れてやってくる子どもがいたとします。開始を知らせるチャイムが鳴っても、反応なし。集まってきたと思ったら、私語をしています。この場合であれば、「体育の授業」という時間の区切りの中で、「学級全体」という対象に局面指導を行うことになります。

理想の状態はどうかといえば、「チャイムが鳴ったら素早く次の行動をとり、所定の場所に集合しており、次の行動に備えるべく待っている状態」でしょう。

ここで、「現実の状態」を「理想の状態」に変えていくために、この局面に対して、どう指導をすればよいかを考えるのです。

たとえば、次のような指導が考えられます。

「今、5時間目になりました。さて、考えてください。チャイムが鳴り始めたのが14時ちょうどですか。それとも、鳴り終わった瞬間が14時ちょうどでしょうか」

「今、この体育館には、3種類の人がいます。チャイムが鳴ってから決められた所に集まっている人。チャイムが鳴っても集まらなかった人。チャイムが鳴る前から集まっていた人。正しい行動は、一つだけです。さて、どれでしょうか」

「もちろん、チャイムが鳴る前から集まっていた人ですね。では、全員起立。チャイムが鳴る前からここに来て、座って心構えをつくっていた人は座りなさい」

「立っている人に、質問をします。あなたたちは、14時の電車に乗るために、何時に駅へ着くのですか」

「時間を守らないと、自分にとって次の行動ができません。それればかりか、多くの人に迷惑をかけてしまうことになります。集団行動で守るべき時間も、この電車の時間と同じなのです。決して乗り遅れることがないように、集合時間の数分前には集まっておきましょう」

このようにして、一つの局面に対してアプローチをしかけるわけです。
次の機会に変化があれば大いにほめるべきだし、同じことのくり返しであれば、またちがった言葉をかける必要があるでしょう。

◉局面指導のポイント

段取りとしては、次のような3段階になります。

①「こうあるべき」という理想の状態を確認させる
②できていない現状に気づかせる
③今後どうすべきかを決定させる

これらの指導については、勢いが大切です。決して粘着的にやらないことです。

サッとたしなめて、次の活動に移るのです。

反省すべき点は反省させないといけません。

しかしながら、それを長引かせる必要はないのです。


また、「同じ指導」にならないようにも気をつけたいところです。

以前にやったのと似たような指導をやってしまうと、子どもたちは「ああ、またその話ね」と飽きてしまうものです。

たとえば別の機会で子どもたちが遅れてきたのであれば、「反省の弁を述べてから入りなさい」と告げてもいいし、「遅れた理由を言いなさい」と詰め寄るのもいい。あまりにしつこいようであれば反省文を書かせるという手段もあります。子どもたちが予想もしていなかったような角度から指導を入れていけることが望ましいのです。


学校生活の活動について、理想の状態を思い浮かべてみましょう。その理想と、現実の間のギャップを埋めるために、どのような局面指導が必要なのかを考え、指導を試みてみましょう。

★2――物分かりの悪い教師になる

◉その行動は、「思いやり」か「過保護」か？

多くの教師は子どものことを理解しようと努めます。

子どもが困っていれば察します。

子どもが黙っていても何を伝えたいのかがわかる教師もいます。

ただし、それを行動に起こしてしまうことが、子どもの成長につながっているかどうかはわかりません。むしろ、成長の妨げになっているかもしれません。

その行動が、「思いやり」なのか、それとも「過保護」なのかを見極めることが大事です。

たとえば、あなたが教室の机で丸つけしているときに、子どもがプリントをグッと目の前に突き出してきたとします。

よく見てみると、それは昨日に提出しなければならないプリントです。察することのできる教師ならば「ああ、遅れてきたプリントだね。預かりますよ」と理解してあげることでしょう。

ただ、そういう子どもは、ほかの場面でも同じような行動をとります。校外学習で外に出たときでは、不愛想に係員にチケットを渡します。大人になれば、市役所で書類を出すときには、黙って書類を突き出すような不躾な態度をとってしまうようになることでしょう。

だから、「教師が今ガマンすればいい」という話ではないのです。察してしまうことというのは、一見優しさのようでいて、実際は子どもの成長を妨げる行為になるかもしれないのです。

子どもの成長にとって大事なのは、むしろ「物分かりの悪い教師」になることです。

もしもプリントを突き出してくるようであれば、「ん？　なんですか、これは？」と尋ねます。もしそれで黙っているようであれば、「このプリントは、昨日が締め切りのはずですが」と加えます。そうすれば、「1日遅れてしまってすみません。見てください」などの言葉を添えることでしょう。

もしも言葉が出ないようであれば、「こういうときは、こう言うんだよ」と教えるようにします。

手間だし、時間がかかるし、なんだか意地悪な感じもしてしまいます。

でも、こういう小さな積み重ねが、彼らの人生にとっては大切な意味をもつのです。

子どもの成長のために、「物分かりの悪い教師」を演じてみましょう。

★3――子どもたちの潜在的危険性に気づく

◉年齢と成長は比例しない

一般的にいえば、年齢が高くなればなるほど、子どもの成長は見られるようになると考えられています。

しかし、どうでしょう。

本当に、年齢を重ねるほどに、子どもは成長しているのでしょうか。

たとえば、挨拶一つを見てみても、低学年のほうが、高学年よりもよっぽど元気にできることが多いものです。

また、準備や片づけなんかでも、低学年は進んで元気にやってくれます。年齢が低いほどに、実に主体的です。

ところが、高学年になると、なかなか動けません。

掃除をサボってしまうのも、高学年のほうが多く見られます。

本来であれば高学年になるほど成長するはずなのですが、そうはなっていない。賢くなったがゆえに、手の抜きどころを覚えてしまい、怠惰な性格が生じてしまうのです。「これをやらなくても叱られない」とか「やっても自分にとって価値がない」とか、「やらなくても誰かがやってくれる」とか、そういう考えが浮かぶようになってしまって、行動できなくなってしまうのでしょう。


特に「攻める学級経営」においては、この怠惰な部分に注目したいところです。

いくら学級が安定していても、そのままにしておいたら、「手を抜く」ことを覚えさせてしまいます。


子どもたちが手を抜くようになるまでには、過程があります。

何かしらの兆候が見られるわけです。


たとえば、忘れ物があまりにも多い場合は、「忘れ物をしても見過ごされる」「忘れ物をしても注意されることなく過ごすことができる」という経験をしているかもしれません。

小さな誤った成功体験を積んでしまっているのです。

それで、忘れ物が続いてしまうようになるのです。

つまり、「当たり前のことを当たり前にやろうとしない子ども」と、「当たり前のことをさせようとしなかった教師の見過ごし」によって、手遅れな状況がつくり出されてしまうのです。

子どもたちは未熟です。未熟だから学校に通っているのです。

学級が落ち着いているからといって、放っておいたのでは、よい方向には進みません。

奈良県の小学校教師で教育実践家として名高い土作彰先生は、これを「**潜在的危険性**」として指摘しています。

常に、「落ちていくかもしれない」という危険性が潜んでいるということを自覚しておきましょう。この自覚があれば、子どもの堕落を未然に防ぐことができるかもしれません。

★4――やるべきことは、やらせきる

◉活動をうやむやにしない

授業中、子どもたちに活動の指示をする際には、「やらせきる」ようにしなくてはなりません。

「やらせるからには、やらせきる」

これが活動の基本です。

もしも、教師から「やりなさい」と指示されたことに対して、子どもたちが「やらなかった」として、しかもそれが教師に気づかれずにスルーされたとき、子どもはいったい何を学ぶでしょうか。

「先生は、私がやろうとやるまいと、気づかないんだ。じゃあ、言われたことはやらなくていいんだ」と考えることでしょう。

教師の指示が出されるたびに、やったりやらなかったり、いい加減な行動をとる。

それを数年間くり返し続けていると……

だらしのない、怠惰な性格が形成されることになります。これはよくありませんね。

とはいえ、教室全体をくまなく見るのは難しいことです。

やらせきるためには、それなりのテクニックが必要です。

やらせきる指導方法として、次の3つの方法を提案します。

①的確な指示を出す

授業中に「発表できる人?」と聞く先生は多くいることでしょう。

ただし、この発問の内容を分析してみると、「自分の考えが書けていて、なおかつそれを発表する意志のある人はいますか?」という問いになります。そこそこハードルが高いのです。

一方で、このように言葉をかければどうでしょうか。

> 「書き終えた人は、手を挙げましょう」

これであれば、発表する意志があるないにかかわらず、とにかく書けていれば手を挙げなければなりません。書けているのに手を挙げない子どもには、「**あれ? 書き終えた人は手を挙げま**

しょうと、言いましたよ」と詰め寄るわけです。

このようにして、「挙手せざるを得ない状況」をつくり出します。

②指示したことは曲げない

授業の中心課題の場合であれば、発問してからすぐに答えさせるのではなくて、自分の考えをノートに書かせるようにします。時間が経ったら、「まだ書けていない人？」と尋ねます。

そして、「どうしても自分の考えを思いつかないようであれば、友だちの意見を聞いて、一番近いものを書いておきましょう」と伝えます。

授業終了時には、ノートを集めます。

授業直後にチェックを終えてしまいます。もし書けていない子どもがいれば、その子を呼んで、「**自分の意見を書きましょう、と伝えましたよ。書きなさい**」と言って、その子どもにノートを返却します。

「**先生が書きましょうと言ったら、書かずには済ませられないのだ**」**と意識させるようにするのです。**

これが、指示を曲げないということです。

③起立・着席を用いる

「となりの人と確認しなさい」
「教科書の詩を音読しましょう」

このような指示をすれば、全体が一斉に活動します。

でも、全体の中に紛れてしまって、やり過ごそうとする子どももいます。教室には30人や40人くらいいるわけで、自分一人くらいやらなくても、なんとなく時間は過ぎていくものだからです。ごまかせてしまうのです。

そういうときに用いることができるのが、起立・着席です。

「全員、起立。となりの人と確認したら座りなさい」
「全員、起立。教科書の詩を読みます。3回読んだら座りなさい」

このようにして、終わるまで立ったままにしてしまうのです。

そうすると、きちんとやらなければ「立ったまま」になってしまうため、子どもも集中して取り組むことになります。

ただし、注意点があります。

この方法を用いてよいのは、「全員がやりきれる」という確信をもてるものだけにすべきです。

たとえば、「応用問題1番ができたら座りなさい」というように難問をあてがってしまうと、努力してもできない子どもは不用意に傷つけられてしまいます。

あくまでも、「努力すれば必ず全員できるもの」の課題において用いるようにしましょう。

◉厳しさとは、きつい言葉ではない

「追い込む指導」の提唱者である楠木宏先生は、**「子どもがのんびりしているのは、教師の指導が甘いと言えます」**と述べています。

教師の指導が厳しければ、子どもたちは常に緊張して、学習にもサッと取り組めるのです。

ここでいう「厳しさ」というのは、叱ったり、怒ったり、きつい言葉で指示するということではありません。

子どもたちに「しなければならない」とか「気を抜いている暇がない」と感じさせ、授業に集中してしまうような状態に仕向けていくようにする指導が「厳しさ」なのです。

★5――間接的な方法を考える

◉Aさせたいなら B と言え

指導したいことは、どのように伝えれば子どもの成長につながるのでしょうか。育ってほしい内容を、そのまま伝えてみるとどうでしょう。

たとえば、挨拶できない子どもがいたとします。

その子どもに対して「ほら、挨拶しなさい。自分から、挨拶をするんだよ！　まったくできていないんだから！」と言えば、子どもは育つでしょうか。

まず、育たないでしょう。

第一、そんな簡単に人が育つのであれば、教育はとても簡単なものになります。

小学校教師の教育実践家、岩下修先生の著書に、次のような言葉があります。

「Aさせたいなら B と言え」

この原則であれば、次の2点が可能になります。

・子どもたちを知的に動かすことができる
・子どもたちは知的に動くようになる

この原則は、集団に対してでも、個人に対してでも、有効に働くものです。授業でも、行事でも、日常生活でも、あらゆる場面でこの原則が活用できるとされています。

◉間接的な方法の例

たとえば、「挨拶する」という理想像があるとして、これを「挨拶しなさい」と言わずに「挨拶できるようにする」わけです。

「明日は先生と挨拶勝負をしましょうね！　絶対負けないですよ！」として、翌日に挨拶勝負をする。子どもは遊びが好きですから、自分から大きな声で挨拶ができます。

そうしてひとしきり挨拶をした後に、朝の会などで、「今日は挨拶勝負で、みんなに負けてしまいました。でも、負けたんだけど、とってもよい気持ちになりました。挨拶って、人を気持ちよくしてくれるものなんですね」と価値づければ、挨拶できる子どもが増えることでしょう。

たとえば静かにさせたいときに、「静かにしなさい」とは言わず、「外の音を聞いてみましょう。今日は天気がよくて、風が強いので、風にそよぐ木々のさざめきが聞こえてきますよ」と指示します。耳を澄ませようとして、子どもたちは口をつむぎます。これで、静かになります。

たとえば座り方がダラリとしていて、よくない姿勢のときには、「姿勢をよくしましょう」とは言わず、「髪の毛を1本つままれているような感じで、体をピンと伸ばしてみましょう」と伝えます。そうすると、子どもたちは背筋を伸ばします。結果として、姿勢がよくなるのです。

「Aさせたいから Aと言う」のは、素人のやることです。

ちがった形で伝えてできるようにするのがプロの教師です。

Bを言うというのは、なかなか難しいものです。

子どもに合った言葉でないといけないし、教師のキャラなんかも関係してくることでしょう。

Bを考えることができるかどうかが、教師の腕の見せどころといえるのではないでしょうか。

★6　「やり直し」の有効活用

まとまりのある学級にするためには、「できない」を「できる」ようにします。

そして、「攻める学級経営」では「できる」ことの質を、さらに磨き上げる指導をしていきましょう。

◉「やり直し」でできるまでやらせる

たとえば、授業の始まりの挨拶をするとき。

「起立」と号令がかかっているにもかかわらず、ダラダラと立ち上がってしまう子どもが多くいたとします。

これを改善したいと考えたとしましょう。どのように指導すればよいでしょうか。

「遅いですよ！」と叱るというのも、一つではあります。

ただし、これではただの教師の小言にしかすぎず、多くの子どもは、それを聞き流すことでしょう。行動を変えようとは思わないのです。

できるまで何度もやり直しをさせる。これは、よい指導です。

たとえば、「ストップ。やり直し」とやり直しをさせる。

時には、理由も言わずにやり直しをさせるようにします。

そうすると、「礼をしながら、おしゃべりしてしまっていたかな」とか、「立ち上がるのが遅かったかな」などと、自らの行動を省みる効果を生み出すのです。

このような「やり直し」には、いろいろな方法があります。5つの方法を紹介します。

①全員やり直し

全員で一斉にやり直しをします。大半ができるようになったら終了させます。

――「もう一回、全員起立。礼。やり直し。礼。よくなりました、座りなさい」

②自己申告やり直し

やらなかった人を自己申告させて、やり直しさせます。

――「やり直します。2秒で立てなかった人は、もう一度。起立」

③小集団やり直し

班や号車など、教室の中の小集団にやり直しをさせます。

――

「3班、起立。やり直しなさい。礼。よし、座りなさい」

できるようになったら座らせます。注目されてしまうため、懲罰的な意味合いが大きいです。多用すべきではないでしょう。

④個人やり直し

個別にやり直しをさせます。よほど目に余る態度のときに行います。「ふてくされてむしろ行動が悪くなる」か「みんなの注目を浴びる喜びを感じさせてしまう」こともあり得るので、サッとやらせて終えることが大切です。

⑤練習時間をつくる

「何がいけないのかわかりますか?」と問いかけます。「おしゃべりしてしまっていました」「きちんと礼をしていない人がいます」などの答えが返ってきます。「班で練習しなさい」というように、練習時間を設けます。きちんとした礼ができるようにやり直させます。

★7――叱るのではなく、説明する

◉「なぜ、いけないのか」を伝える

教師は「叱って言うことをきかせる」ことを是としがちです。**ただ、子どもは「そもそもわかっていない」ことがよくあります。**

たとえば、図書室で騒いでしまうような子どもは、「図書室は静かにするところだ」と知らないことがあります。また、挨拶すべきところでしない子どもは、「お世話になっている人に自分から挨拶するものだ」と知らない可能性があるのです。

だから、まずは説明することが大切です。「○○をすることは、マナー違反なんだよ」と言うのです。

たとえば、子どもが図書室で騒いでしまうときには、一度集めて話をします。

「学校というのは、学校の外に出ても過ごせるように成長するところです。図書室と

いうのは、社会でいうところの図書館のようなものです。図書館に行ったことがある人は、図書館がどれくらい静かなのか、知っていますよね。図書館では、みんなが本を読みに来ています。だから、そこでおしゃべりをすると迷惑なのです。だから、シーンとしているのです。それは、学校の図書室でも同じことです。ここでおしゃべりすることは、マナー違反です。迷惑になるので、やめましょう」

まずは、このように説明するようにしましょう。

「なぜ、そうするのか」「何のためにそうするのか」を、理路整然と説明することです。

学校の先生たちは、「そんなことくらいわかっているはずだ」と考えて話さないことが多いのですが、いくら大きくなっていても、まだ子どもは子どもです。わかっていないことが、圧倒的に多いのです。

もちろん、伝えたにもかかわらず、迷惑な行為を続けてしまう場合であれば、そのときは叱る必要があります。それ以外であれば、あくまでも、ふつうに伝えればよいのです。

★8――認めていないサインを出す

◉明日の態度に期待をかける

「攻める学級経営」では、子どもに高い要求をします。

しかし、「やり直し」などの指導を入れても、すぐに態度が改善されないような子どもがいます。

ふてくされたり、反抗したり、行動が改善されなかったり……

そういう子どもに、授業中に指導し続けていると、授業の進行が滞ってしまうことがあります。

すると、授業の流れに乱れが生じます。

これを「**授業が濁る**」と表現する先生もいます。

では、子どもの態度を無視すればいいのかというと、それもよくありません。

スルーしてしまうのであれば、本人や周りの子どもたちに「いい加減にやっても問題ないのだ」と教えてしまうことにもなりかねないのです。

だから、「許してはいない」というサインを発する必要があります。

「今日はもう、それでいいです。明日はきちんとできるといいですね」


このように一言添えて見逃すようにします。

本人は、認められていないのを感じて反省します。

周囲もそれを見て、「先生は認めてはいないのだ」と感じ取ります。


そもそも教育というのは時間がかかるものです。

たとえば植物を育てるのに、芽が出ないからといって種を引っ張っても意味がありません。

これと同じように、環境を整えられたら、後は待つしかないのです。

だから、「明日はできるといいね」の一言で、また明日がんばればいい。

明日がダメなら、その次の日にがんばればいいのです。

コラム2

育っている学級は幼くなる

教育実践家の中では、育っている学級に関する定説があります。

「**育っている学級は、幼くなる**」という説です。

実際、私もある実践家の先生の学級を訪問したとき、その学級の子どもたちが実に子どもらしく迎えてくれたことがありました。

「どこから来たの」「何をしに来たの」「年はいくつのなの」などなど、徹底的に質問攻めにあいました。みんな、表情が豊かです。知的欲求にあふれています。実に子どもらしくて、かわいらしいなあと思ったのを覚えています。

学級崩壊している学級にも入ったことがありますが、それは何というか、悪い意味で年をとってしまっているような感じがしました。「そんなに一生懸命やっても意味ないのに、バカバカしい……」などと、しらけた態度をとります。

年不相応なふるまいに感じました。変に大人びているのです。

心理学の視点から見てみましょう。交流分析では、人の性格は、他人とのやりとりの過程において、次の5つに分かれるとされています。

- **「批判的な親」（厳しさ）**
- **「養育的な親」（優しさ）**
- **「大人性」（賢さ）**
- **「自由な子ども性」（楽しさ）**
- **「順応な子ども性」（イイ子）**

よい授業を受け続けていると、自分の興味あることを、のびのびと自分らしく学ぶことになります。「自由な子ども性」の部分が強く刺激されるようになります。

すると、「自由な子ども性」の性格部分が大きくなり、結果として、子どもらしいイキイキとした雰囲気をまとうようになるのだと考えられます。

さて、どうでしょう。あなたの学級の子どもたちは、子どもらしいでしょうか。

第三章
温かく支援する

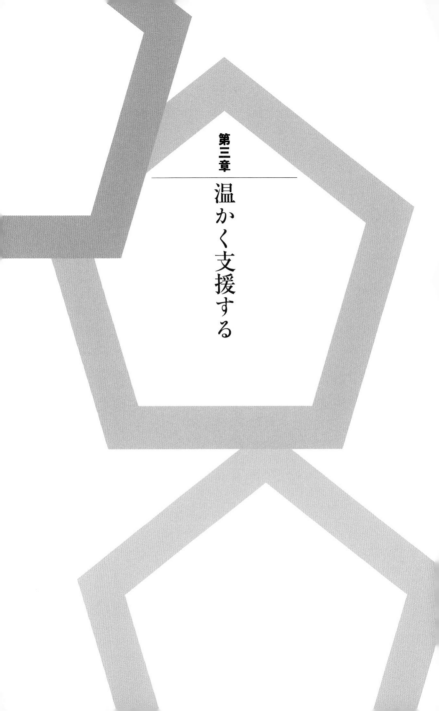

★1――子どもの「ほめられ方」が成長を左右する

◉「才能」ではなく「努力」をほめる

成功や失敗をしたときに、人は「自分の才能」に結びつけるか、「自分の努力」に結びつけるか、どちらかになります。実は、大人になってどのような反応を見せるかについては、子どものころの「ほめられ方」によって決まる確率が高いとされています。

アメリカの特別認可学校「ＫＩＰＰ《キップ》」では、「生まれながらの才能」よりも、「努力」をほめることを、明確な方針として定めています。

ＫＩＰＰの教員は、研修中にいくつかのキーフレーズを学びます。

才能に焦点を当てる言葉かけは、次のようなものです。

「才能があるね！」
「才能がなかったんだよ」

「これは、君には向いていないことだね」

一方で、努力に焦点を当てる言葉かけは、次のようなものです。

「よくがんばったね！」
「どうやったらうまくいくのか、一緒に考えてみよう」
「すぐにできなくても、気にしなくていいよ」

仮によくできていることであったとしても、「才能」や「能力」に目を向けないほうがよいのです。

そこに焦点を当ててしまうと、もしもうまくいかないときに、「僕には才能がないんだ」「私にはできないんだ」ととらえさせてしまいます。

でも、努力に焦点を当てていれば、うまくいかないときにも「私の努力が足りなかったんだ」「何を改善すればいいのかな」と前向きに取り組むことができます。

結果として、これが「やり抜く力」を育てることにつながっていくのです。

子どもに言葉をかけるのは、希望を育むために重要な方法です。

子どもに言葉をかける中で、「成長思考」を育てていく必要があります。

つまり、「人間はその気になれば、何でも学んで身につけることができる」と信じていることを、行動によって示すのです。

◉成績のよさをほめ続けると……

心理学者テウン・パクは、小学校1年生と2年生の学級を対象に1年間研究を行いました。その学級では、教師が成績のよい子どもたちを特別扱いし、ほかの子どもよりどれだけよくできたかを強調してほめるようにしました。

そのような学級の子どもたちは、一年の終わりのアンケート調査で「頭のよさはもともと決まっているもので、ほとんど変わらない」というコメントに賛成する確率が他の学級よりも高くなっていたといいます。

子ども全体をざっくりと見ていると、「よくできる子」「頭の回転が速い子」ばかりが目につきます。そうではなくて、**子どもたちの「成長」を見るようにするのです。**

成長を見るのであれば、どんな子どもにもほめられるチャンスがあります。

全体の中で突出した成果ではなくて、自分ならではの成長をほめられることによって、子ども

たちは「自分も努力すればできるんだ」と成長思向をもつことができるようになるのです。

◉伸びたか・伸びていないかで評価する

兵庫県の小学校校長先生、俵原正仁先生は、教師が行う評価規準を4月当初に、次のように伝えていたそうです。

> 「先生は、君たちのことをできたか・できていないかで評価しません。
> 先生は伸びたか・伸びていないかで評価します」

たとえば、不登校の子どもが学校に来られたとします。

ほかの子どもにしてみれば、学校に来ることは当たり前のことでしょう。

でも、その子にとっては、大きな成長なのです。だから、ほめることができます。

このように規準を決めて伝えていることにより、ほめるときにその子それぞれのよさをほめることができるようになるのです。

「攻める学級経営」では、子ども個人の努力に注目し、取り上げてほめるように心がけましょう。

★2――個別で話す時間をつくる

◉下校時間でじっくり話す

「攻める学級経営」では、子ども個人を育てることを目指します。そのためには、教師と子どものつながりを強めていくことが不可欠です。

子どもとの関係を深めていくには、話す時間をつくることが必要です。

子どもとのやりとりをする時間といえば、授業中です。

しかし、授業中の姿というのは、素の姿でないことが多いでしょう。

子どもとの関係を築くには、子どもとたくさん話すことが大切です。できるだけ、個別でかかわることのできる時間を設けるのがよいのです。

休み時間は、リラックスして話すことができるので、かなり有効な時間です。

とはいえ、次の授業の準備があるので、なかなか時間がとれないもの。

そこでオススメしたいのは、下校時間です。

「さようなら」の挨拶をした後、一緒に帰るようにするのです。

帰り道は、学校と家との間にあって、子どもも「学校モード」を終えていることがあります。

私たち大人だって、「仕事モード」と「家モード」を使い分けているのではないでしょうか。

子どももこれと同じで、「学校モード」と「家モード」を使い分けているわけです。

帰り道というのは、「家モード」に限りなく近づいているわけです。

だから、「ここでは、かなりリラックスして会話をすることができるのです。「今日は西の方へ行こう」などというように帰る方面を決めて、子どもと一緒に帰りながらおしゃべりするのです。


「帰ってから何するの？」

「最近、どんなことして遊んでるの？」

「習い事の調子はどう？」


このようにして、個別で話をすることができるので、深くかかわることができるのです。

ただし、学校を離れることになるので、その点には注意が必要です。

携帯電話は持参しておき、離れることは学年の先生に伝えるようにしておきましょう。

また、会議などのない余裕のある日にやりましょう。

★3——困っているときは親身になる

◉子どもの相談には真剣に向き合う

「家庭科で使うプリントをなくしてしまって……」
「帽子が、朝からないんです……」
「先生、カギをなくしてしまって……」

子どもたちは、なくしものの相談をしてくることがあります。
忙しい時間にこれを言ってこられると、「わかった、後で聞くね」と後回しにしてしまうことがあるかもしれません。

でも、子どもからすると、この対応で教師への信頼関係が大きく変わります。邪険に扱われてしまうと、「先生は私の悩みに寄り添ってくれない」と、心を開かなくなってしまうこともあり得ます。

◉盗まれたベース

かくいう私も、経験があります。

自分自身が高校生のときに、文化祭でバンドをやっていたのですが、ベースを盗まれてしまう事件がありました。

ライブが終わって、特別教室のようなところに置いておいたのですが、なくなっていたのです。後からわかったことですが、文化祭なものですから、人の出入りが多くて、外部の人が入ってきて、盗んで持って行ってしまったのです。

そのベースは、ライブ1ヶ月前に購入したばかりのものでした。

もう、どうすればいいのかわからなくて途方に暮れているところに、英語担当の先生が通りかかりました。

事情を話すと、「そうか、探そう」と言って、その先生はマスターキーを持ってきました。

それで、学校中の全教室を、片っ端から探して回りました。学校中の全教室です。

「そんなところにあるはずもない」と思われるような教室まで、「ないな。ない……うーん、よし。次行こう！」と言って、一緒に見て回ってくれました。

そのことがとても心強かったのを、よく覚えています。結局ベースは出てこなかったけれども、一緒に問題に向き合ってくれていることが、自分にとっての支えになりました。

◉解決できたかではなく、一緒に向き合ってくれたかどうか

解決できなくてもいいのです。いや、解決できるのが一番いいのですが、**その困り事に対して真剣に寄り添ってくれる人がいるかどうかが大事なのではないでしょうか。**

たとえば帽子をなくしたというのであれば、一緒に探しましょう。

お道具箱の中、手提げ袋の中など、見つけられる範囲をくまなく探すのです。

多くの場合、一緒に探せば割とすぐに見つかります。「もう、きちんと探すんだよ」と笑って渡してあげましょう。

時間と手間暇を、その子にかけてあげること。

「困ったときは、先生が親身になってくれる」とわかるだけでも、それが子どもの安心感につながるはずです。

★4——学級通信で伝える

◉学級通信にほめる言葉をのせる

学級通信を書いている先生は、多くいることでしょう。
学級通信を用いて子どものがんばりを伝えるようにすると、大きな効果を発揮します。
学級通信でいいところを伝えれば、子どもは3回ほめてもらう機会を得ます。

①配布されたとき先生からほめられる

学級通信を配布し、教師が文章を読み上げます。先生から、その子どもにほめ言葉のメッセージを送ることになります。

②休み時間に友だちからほめられる

友だちに、自分のがんばりを知ってもらうことができます。時には、「○さん、すごいね！」などと言ってもらうこともあるでしょう。

③持って帰ると家の人からほめてもらえる

家に持って帰ると、保護者の方に見てもらえます。もしかすると、おばあちゃんとか、親戚とか、あまり会わないような人にも見てもらえるかもしれません。

このようにして、学級通信にがんばりを掲載することで、子どもは3回もほめてもらうチャンスを得ることができるのです。

3回もほめてもらえる機会など、なかなか設けることは難しいでしょう。

これからの時代では、電子媒体で共有するような発行方法が行われていくことでしょうが、それでもかまいません。子どものがんばりを見つけて、それを保護者を含めた学級全体へと発信していくことが大切なのです。

たとえば私は、次のようにして学級通信でほめるようにしていました。参考にしてください。

ミラクルえがお

[redacted]小学校　　2年2組
平成26年　　11月　　4日
学級通信　　　　No.80

2年2組　せいちょうしています

最近みんなのがんばりがすごいなあと思います。先生は，ここがあかんとか，まだまだやなあとか，しょっちゅう言っていますけれども，やっぱり心の底ではみんなの成長にびっくりさせられています。今日は，みんなのがんばりを書いておこうと思います。

[redacted]さんは，ピアニカのじゅんびを続けてやってくれています。全員分用意するなんて，とても大変なことです。それを当たり前のようにやってくれているのがすごい。[redacted]さんは，手をあげるのがとても早くなってきました。頭の回転がスピードアップしてきたのでしょう。答えを考え出したら，迷いなくあげています。ゆびのさきまで，とてもきれいにあげています。[redacted]さんは，かえるときにまどがあきっぱなしになっていたら，気づいてサッとしめてくれています。だれかに言われたから動くのではなく，自分でいまクラスのためにひつようなことを考えられるのがすごいです。[redacted]さんは，感想文などをかくりょうがはんぱじゃありません。おもてがおわったら，うらまでびっしり書きこみます。短い時間で，それだけ書けるのがすごい。新聞記者さんみたいです。[redacted]さんは，あまっているおかずがないか，しょっちゅう気にかけてくれています。じかんがあるときは，くばってくれています。気くばりがすてきです。[redacted]さんは，カップケーキのあまりの紙に，きゅうしょくじょうのおばちゃんへのメッセージを書いていました。あとでちょうりいんさんたちが，ものすごくよろこんでいたと聞きました。人にかんしゃの気持ちをつたえて，よろこばせることができるなんて，すばらしいなと感じました。[redacted]さんは，あいさつをとても大切にしてくれています。朝は，かならず大きな声で「おはようございます！」と言ってくれます。その声をきくと，ああ，今日もがんばろうと思えてきます。[redacted]さんは，きゅうしょくを食べおわったあと，食きをはこぶのにくずれないようにするため，ととのえてくれています。くずれると，ゆかにおかずがこぼれてベチョベチョによごれるのです。そこまで考えて動いてくれているのがさすがです。[redacted]さんは，教室をいどうするのに，電気がついたままになっていたら，いちはやく気づいて切ってくれます。こまかなことにまで気づくことのできる目がすごいです。[redacted]さんは，きゅう食とうばんがいなかったとき，「おれが持っていくわ！」とかわりにやってくれます。その力が，クラスのささえになっていますよ。カッコいいな。[redacted]さんは，「次は体育やけど，帰ってきたらきゅうしょくやから…つくえはきゅうしょくのはんの形にしておいた方がいいな！」と，先読みして動いてくれていました。みんなでそれをまねしましたから，時間のたんしゅくができました。[redacted]さんは，ひょうげん力が身についてきました。刀でのきりあいや，ふきやでうちあうのが，とても上手です。まるでほんとうにたたかいあっているようです。[redacted]さんは，いつもくつばこのそうじをもくもくとやってくれています。すのこをあげて，はいて…というそうじはとてもたいへんです。それなのに，顔色ひとつかえずにがんばってやってくれています。コツコツつづけられるのがすごいです。[redacted]さんは，あまった時間を大切にしています。「かけざんの練習を2回する」というかだいがおわったと思ったら，3回も4回も続けてやっていました。

（次号へつづく）

ミラクルえがお

[redacted]小学校　2年2組
平成26年　11月　4日
学級通信　No.81

2年2組　せいちょうしています　その2

[redacted]さんは，人への思いやりの心がすごいです。教室へじゅぎょうを見にきた先生に，「いす，どうですか」とすすめていました。見にきていた先生は，しょくいん室で「[redacted]さんの気くばり，すごくうれしかったです！」と言ってくれていましたよ。落ち込んでいる人には必ず声をかけてくれています。あたたかな心をもっていますね。[redacted]さんは，日づけを書き直したり，黒板をけしたりしてくれています。おどろかされるのは，人に気づかれないところでも，ささやかにやってくれているところです。みかえりをもとめず，人のために動けるとは，なかなかできることじゃありません。[redacted]くんは，そうじのじかんに，じぶんのしごとによゆうができたとき，ほかのしごともてつだってくれています。「じぶんのやることがおわったから，それでおわり！」ではなくて，「じぶんのあまった力を，ほかの人のためにつかおう！」と考えられるのはすてきなことです。[redacted]くんは，いつもみんなをわらわせてくれています。きょうしつの空気がかたくなってきたな…というところで，おもしろいことを言ってくれます。空気を読めるセンスがありますね。[redacted]さんは，どんな意見の発表のときでも，みんなを見わたしながら話しています。もう，それがしゅうかんづいているのです。おかげで，それを見たみんなも，そのわざをまねすることができています。[redacted]さんは，入口のところで「おはようございます！」といって礼をしてからきょうしつへはいってきていました。みんなへあいさつができると，気もちがいいですね。いま，ひら木さんを見本にして，ほとんどの人が入口であいさつできるようになってきました。[redacted]さんは，人のがんばっているすがたを見つけた時，かならずはく手をしてあげています。「人のがんばりをみとめる」というのは，できそうでなかなかできないものです。すてきですね。[redacted]さんは，図書のかかりのしごとがとても手ぎわいいです。ピッピッとすばやくきかいを動かしており，見ていて気持ちがいいです。「１００さつ以上読んだ人をひょうしょうする」などのきかくも考えてくれています。発想がすばらしい。[redacted]くんは，おじぎの角度がすごいです。手の上げ方も，伸び上がるくらい上がっていて，迫力があります。ニコニコしながらも，やることはどれもピシッとていねいです。[redacted]くんは，だれかが話し始めたら，かならずおへそごとその人の方を向いています。そのスピードが，ものすごくはやいのです。いっしゅんでクルンとふりむいています。話を聞こうとするのは，人を大切にしているということです。[redacted]さんは，先読みすることができます。次にやることが何なのか，よく考えています。せきはうしろで遠いのに，みんながつかう漢字ノートをくばるために，とんできてくれます。いつもありがとうね。

みんな，自分の力を高めようとしていたり，ほかの人のためにできることはないかと動いたりしてくれています。

さいきん，「しあわせ」の元のことばは，「なしあわせ」なのだと教えてもらいました。まわりの人のことを考え，自分にできることをおたがいになし合い，感謝しあうことが「しあわせ」のもとの意味らしいのです。

さいきんの２年２組は，クラスのために，自分ができることを考えて動いてくれているように思います。だから毎日がとてもしあわせなんですね。みんな，いつもありがとう。これからどんな２年２組のせいちょうが見られるのかなあと思うとワクワクします。先生も，みんなに負けないくらいがんばりますよ。さあ，今週もがんばりましょう！

なかよしこよし

[redacted]小学校　3年2組　三好学級
平成30年　　11月29日
学級通信　　No.130

算数がすごい！

算数の授業がすごいです。

朝の打ち合わせが終わり教室へもどると、「先生、もう準備できています！」という声。みると、宿題の答え合わせも終わり、ノートも書いており、準備ばんたんの状態になっていました。

みんなの先読みの力の高さにおどろかされました。

先日、「4/5ー2/5」の計算のやり方を考えました。

授業のはじめに、ノートへ自分の考えを書きました。

7分間で、半ページから1ページほど書くことができています。

発表の時間になると、[redacted]さんが立ち上がるなり、黒板に向かってすすみながら「はじめてもいいですか」と発表し始めました。そして、黒板にかいた図を指し示しながら「ここところは同じですよね。すると、この中はいくらになりますか」と、みんなに確認をしながら説明していました。

また、[redacted]さんは、「今から、前に[redacted]くんと似た図を描くので、その図がどうなるのかをとなりの人と話し合ってください」と言っていました。

[redacted]さんは、「5等分したうち、4つのものから2つを引くと、答えはいくらになりますか」と尋ねながら発表をしていました。聞き手を引き込みながら発表することができています。

みんな、時間を大切にしています。発表を工夫しているおかげで、授業が知的な雰囲気に包まれるようになってきました。学びに向けて一生懸命がんばる姿は、とてもかっこいいなあと思います。明日は分数のテストをやりますよ。しっかり復習しておきましょう。

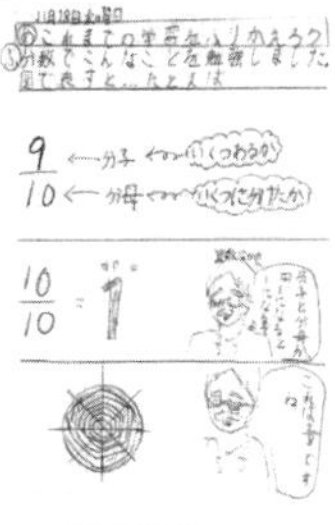

[redacted]さん

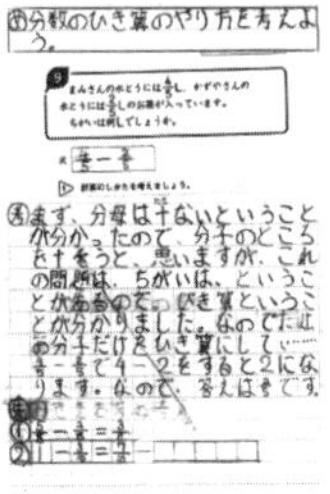

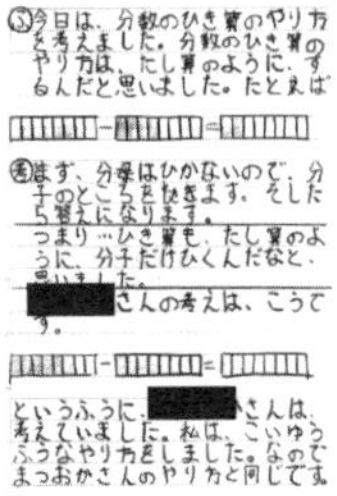

[redacted]さん

★5——ペップトークを心がける

◉子どもをはげます技術を学ぼう

子どもが落ち込んでいるとき。相談をもちかけてきたとき。

そういうとき、はげます技術について知っているかどうかで、あなたの話の聴き方はまったく異なるものになります。

たとえば、クラスの子どもがクラブ活動について相談してきたときを想定してみましょう。

「先生、クラブが最近イヤになってしまって。やめようと思っているんです」

このような悩み相談に対して、あなたなら、どう答えるでしょうか。

「そうなんだ……せっかく続けてきたのに、もったいないよ」だと、気持ちをわかってもらえていないように感じさせてしまうかもしれません。「やめるんだね、わかった。手続きしておくよ」では事務的であり、相談にすらなっていません。

子どもには何かしらの悩みがあって、決定しかねているから、あなたに相談しに来ているわけです。その気持ちを受け取りながら、本人にとってベストな方向に進むようにもって行ってあげねばなりません。

ここで役に立つのが、「**ペップトーク**」の考え方です。

スポーツ大国のアメリカでは、「はげます技術」が確立されています。選手が技を磨くように、コーチや監督は選手の心に火をつけられるような言葉を磨いているのです。

ペップトークは、4つのステップで成り立っています。

①受容（子どもの悩みを受け入れる）
②転換（子どもの思考を転換させる）
③行動（子どもの行動を促す）
④激励（子どもを激励する）

たとえば、さっきの会話だと、次のようになります。

①受容（子どもの悩みを受け入れる）

まずは、「受容」する。

子どもの悩みとか、つらさとかを、じっくりと受け止める。共感する言葉を投げかけます。なぜそうするのかというと、子どもは自分のことがわかってほしくて話しに来ているわけです。

それなのに、はじめから「じゃあ、こうしてみたら」と提案されると、「ぜんぜんわかってくれていない」と感じさせてしまいます。そうなるのを防ぐために、まずはじっくりと受容するのです。


「先生、クラブが最近イヤになってしまって。やめようと思っているんです」

「そうか、やめようと思っているのか。何かあったのかな?」

「実は、友だちとの関係が、あまりよくなくて……」

「具体的には、どんなことがあったの?」

「塾があるから、最近早く帰ることが続いてるんですけど、それを見たチームメイトが、『やる気ないならやめれば』って言っていたらしいんです」

「ああ、それはつらいね」

「私としては、別にやる気がないわけじゃないのに、なんだかそうやって言われるんだったら、もうやめてしまおうかなと思って……」

「なるほどね。友だちとの関係がうまくいかなくて、もうバレーボールもやめてしまいたくなったたってことだね」

「はい……」

「人間関係が悪くなったら、そこから離れたくなるものだよ。誰だって、そうなんだから、悩むのは当然のことだよ」

②転換（子どもの思考を転換させる）

そして、「転換」する。

「受容」するだけだと、ただの暗い話で終わってしまいます。「とはいえ、○○だよね」とか、「○○ともいえるよね」というように、話を前向きな方向にもっていきます。


「そういうものですかね……」

「そうだよ。ところで、どうなんだろう。バレーボールのことも、イヤになったのかな？」

「いえ、バレーボールは好きです」

「友だち関係さえうまくいけば、バレーは続けられそうかな?」

「はい。イヤなことさえ言われなければ、できそうなんですけど……」

「そうか。こうやって悩むこと自体も、バレーボールを本気でやりたいと思っている証拠だと思うんだ。だから、慎重に考えたほうがいいね」

「はい」

③行動(子どもの行動を促す)

さらに、具体的な「行動」を提案します。

子どもにできそうな、ほんの小さなことでよいのです。「○○から始めてみようよ」というように、達成可能なことを提案してみましょう。


「今の話は、部長とか、顧問の先生とかは知ってるのかな」

「いえ、知らないです」

「一度、話してみたらどうだろうか。友だちともめていることについてではなくて、それで、たとえば、塾とか、ほかの習い事で休む人についての方針なんかを、全体に言ってもらえるといいよね」

「ああ……そっか。そうですね」

「どうだろう。先生から言ってみようか？」

「いえ、自分で言ってみます」

「最悪の場合、やめることも選択肢としてはいいと思う。でも、それだけバレーボールが好きなんだったら、何もしないままでやめるのはもったいないよね。まずは、話をもちかけてみよう」

「はい」

④激励（子どもを激励する）

最後に、激励の言葉を伝えます。

「君ならできるよ」とか「応援してるよ」とか「がんばってね」とか、何でもよいのですが、教師が子どものことを応援している気持ちを伝えます。それで、締めくくりにするわけです。

図2｜ペップトークの4ステップ

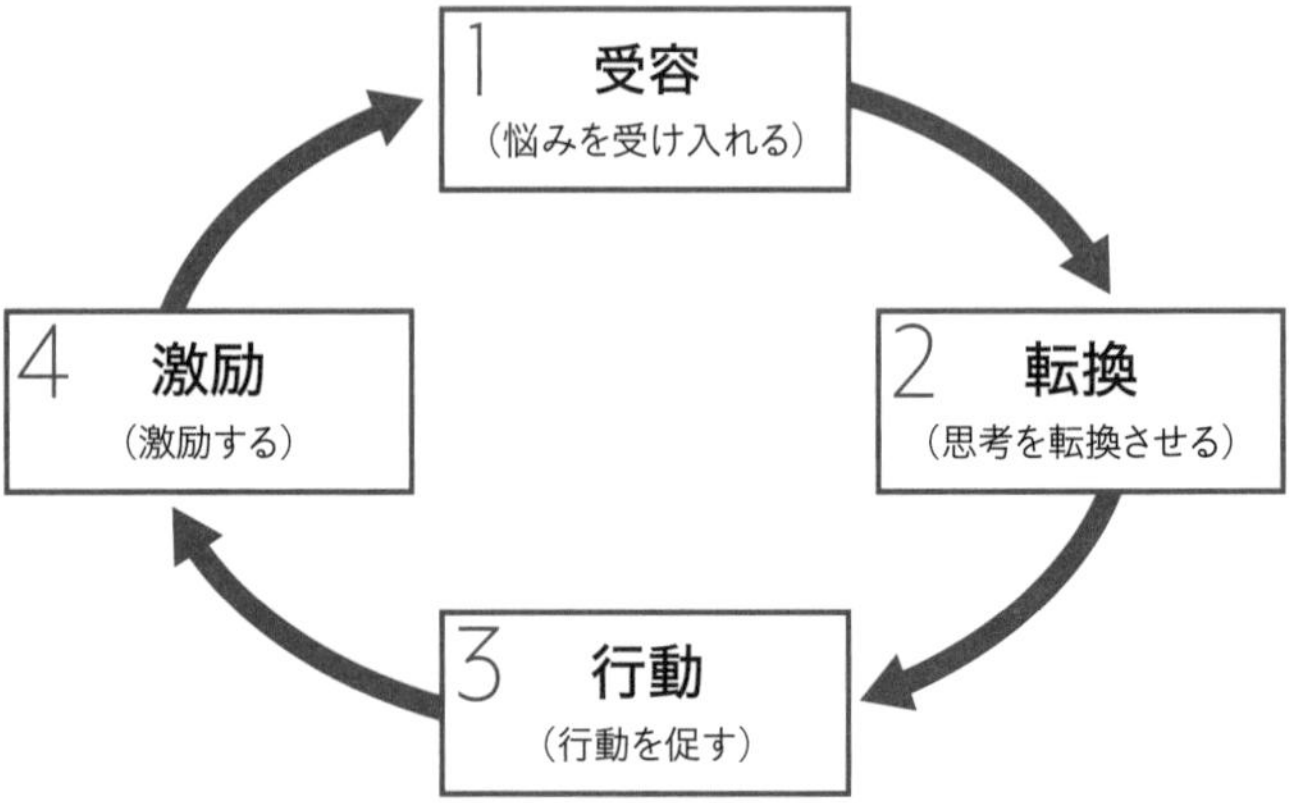

「どうだろう。スッキリしたかな?」
「はい、大丈夫そうです」
「よかった。また何かあったら、いつでも相談に乗るからね」
「ありがとうございます。失礼します」

こういう流れになるわけです。会話に関しては、あくまでも一例ですが、子どもの思考を前向きにしていることが見てとれるのではないでしょうか。

子どもの相談でも使えるし、子どもがクヨクヨと悩んでいるときにも有効です。

同僚など、大人に対してでも用いることのできるテクニックです。

ぜひ、使いこなせるようになりましょう。

★6――ありがとうノート

◉子どものがんばりを書いて伝える

子どものいいところは、書いて伝えるのが効果的です。ものに書けば、いいところが残ります。また、後からでも伝えることが可能になります。

オススメしたいのが、「ありがとうノート」です。

学校では「見本用ノート」とか、「先生用ノート」など、ノートが余ることがあるはずです。そういうノートを活用して、そこで子どものがんばりや優しさを書き記していき、「ありがとう」という言葉で締めくくるのです。

○○さん…時間いっぱいまで、教室のゴミをとろうとがんばっていましたね。おかげで、みんなが気持ちよく教室で過ごせています。ありがとう。

○○さん…昨日の算数の時間では、みんなが思いつかないような発言をしていましたね。おかげで、学びが深まりました。ありがとう。

○○さん…友だちが一人になってしまっているときに、「一緒にやろうよ」と声をかけてあげていました。教室が安心できる場所になっています。ありがとう。

このようにして、その子どものよいところやがんばりを書き記します。

子どもたちが帰った後などに、サッと数名ずつ書いていくようにします。

名簿で回数チェックしておけば、書き漏れを防ぐことができます。

さらに、「自分が学級の誰に目が行きにくくなっているのか」も、何となくわかってきます。

教室の後ろに置いておいて、自由に閲覧できるようにしておきます。

また、子どもから「私たちも書きたい」という声があがれば、子どもの記入も可とするとよいでしょう。

ありがとうノートは、子どものよいところを見つけるとともに、教師の哲学を子どもに伝えることができる、便利な道具なのです。

★7——成長ふせん

◉ふせんに書いてこっそり貼る

ふせんも、子どもに成長を伝えるために用いることができます。

今や、雑貨屋に行けば、デザイン豊富で、彩り鮮やかなふせんがたくさん売られています。そういうものを買い揃えておき、子どものがんばりを見つけたら書いて渡していきます。

渡し方はいろいろです。

低学年の場合であれば、放課後の机にチョンと貼っておくようにします。

「昨日は、難しい問題なのに発表チャレンジしていたね。すごいぞ！」

「授業の準備がとっても早い！　ナイス！」

このような一言を書き込んで貼ります。

すると翌日、学校に来た子どもたちは、「わっ、机に何か貼られている……！　やったあ！」「A

さん、いいなあ。僕も、ほしいなあ」という感じで、うらやましがります。「自分もよい行動をとってみよう」という気にさせられます。

連絡帳に直接貼っておくのもよい手段です。
連絡帳に貼れば、保護者の方にも見てもらえます。
おうちの人へのメッセージにもなるのです。

1日に2～3人ずつに貼るようにすれば、それだけでも1ヶ月で全員に渡すことができます。
1年間を通して継続的に行うのではなく、学期に1～2回ずつなど、キャンペーン的に行うようにすることをオススメします。

★8――カルテを用いる

◉カルテに気づきを書き記す

「攻める学級経営」においては、子ども一人ひとりを見取り、個人の学習の様子をとらえながら授業を進められるようにしたいものです。

それぞれのよさをとらえ、個性を尊重し、よいところを伸ばしていけるような教育ができるのが理想的です。

しかし、教室には30人や40人もの子どもがいるわけですから、一人ひとりの個性や長所をとらえるのは、なかなか困難です。

では、どのようにすれば、個の様子をおさえることができるようになるのでしょうか。

子どもの人間理解を深め、個を生かす授業を重視した教育学者の上田薫先生という方がいます。

上田先生は、「カルテ」を発案しています。

このカルテとは、子どもについて教師が気がついたことをメモし、それをいくつかつないで解釈することを通して子ども理解を深めるとともに、教師の見方の変革をねらいとするものです。

特に、**子どもの様子が自分の想像していたものと食い違ったとき、すなわち「おやっ」と思ったときに、それを簡潔に書き記すべきとしています。**

そのような驚きをもとに綴られるものがカルテであるため、**ある日に記したものと、ほかの日に記したものとでは、簡単につながりません。**

「前に書いていたことと、全然ちがう」ということも、大いにあり得るのです。

しかし、それらをつないで統一的な解釈を試みることで、その子どもに対する教師の把握は新たになります。

たとえば、ある日の記録には「**身の回りが整頓されていない**」と書かれています。

また別の日には「**理科で使った実験用具を丁寧に片づけている**」とあります。

これらの記録をつないで考えると、「**興味のあるものについては、用具を丁寧に扱うのかもしれない**」というような新たな把握が得られるのです。

教務必携や週案ノートなどに、カルテとなる場所を作成しておき、適宜書き込んでいくようにしましょう。個人情報なので、取り扱いには十分注意しましょう。

「子どものことをどれだけ知っているか」と、「子どもと教師との信頼関係」には、相関関係が

図3｜記録は大事

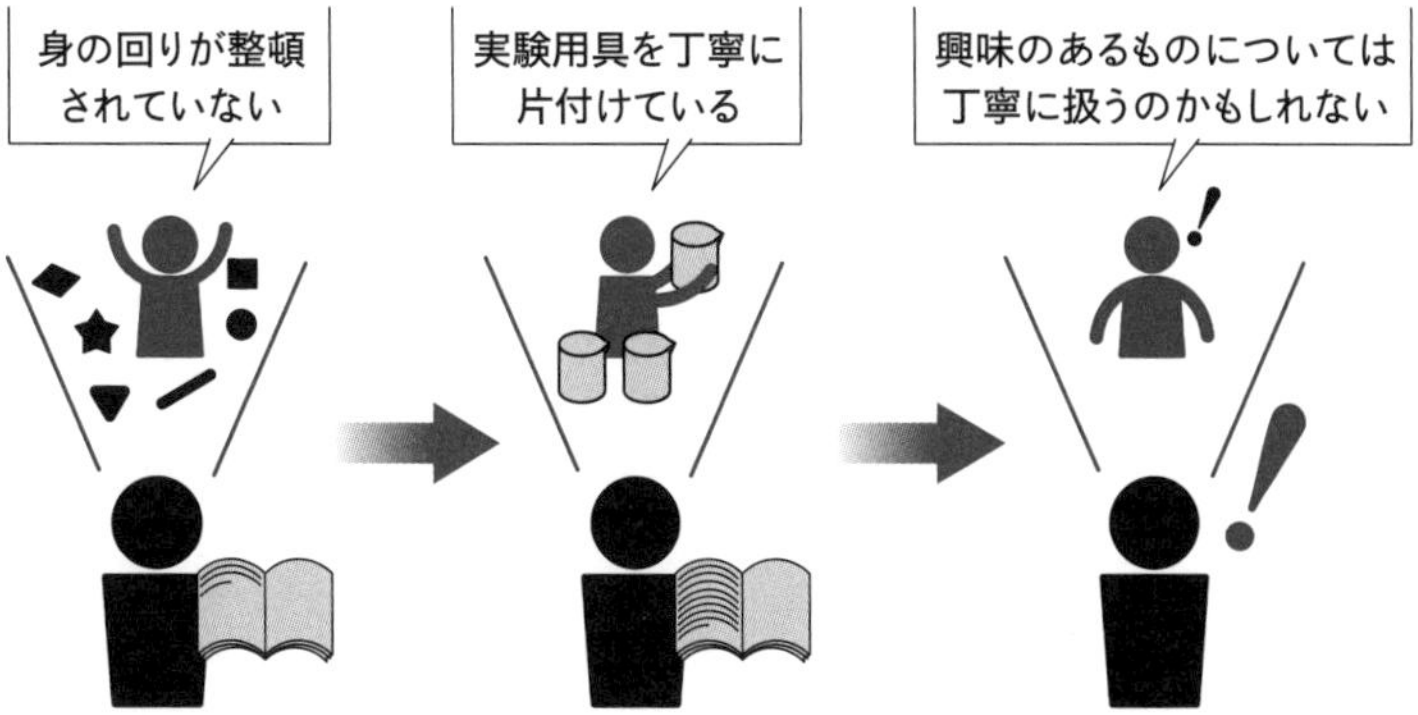
身の回りが整頓
されていない
実験用具を丁寧に
片付けている
興味のあるものについては
丁寧に扱うのかもしれない

記録をつないで考えると、子どもに対する教師の把握が新たになる

あるといわれています。

日々「おやっ」ということを書き連ねていくことにより、子どもを理解し、それとともに理解しようとする教師の目を磨いていきましょう。

コラム3

子どものせいにしすぎない

指示したとおりに子どもが動こうとしない場合。
あるいは、子どもが言ったことを守ろうとしない場合。
そのような場合に、あなたは次のうち、どちらのように考えるでしょうか。

①「自分の伝え方が悪いのだ」
②「きちんと聞いていない子どもが悪いのだ」

もちろん、答えはどちらか一方ということではありません。
しかし、②に偏りすぎるのは教師として問題です。
教師の中には、こんな愚痴を漏らす人がいます。

「今年の2年生は、本当に言うことが聞けない。2年前の子どもたちだったら、すぐに聞いて動くことができたのに……」

私は、こういう言葉を聞いていると胸が苦しくなります。

そんな目で見られている子どもが不憫でならないからです。

教師の仕事というのは、どんな子どもにでも同じことを言って、同じように聞かせることでしょうか。そうではないでしょう。

子どもの状態とか、様子とかを見取り、言葉を選び取り、成長を見る。もしもそれでうまくいかないようであれば、またちがったアプローチをしかける。

教育というのは創造的な営みなのです。

「あの子たちは、○○と比較してまったくできていない」という言い方をすれば、教師が自分の責任にしなくてもいいので、楽なのです。疲れにくいのです。しかし、子どもの責任にし続けることは、職務の放棄にほかならないとまでいうことができるでしょう。

ただ、①ばかりに偏ると、それはそれで教師が自身の健康を害してしまう場合があります。

私は「子どもが成長できていないのは、自分が悪いのだ……」と考えて、考え続けた結果、ストレスで突発性難聴を患ってしまったことがあります。突然に、プスンと片耳が聞こえなくなってしまったのです。

子どもたちにも、求めていかなくてはいけないことがあります。

「君たちがきちんと聞かないのが悪い」と言わねばならないこともあります。

必ずしも、教師の責任ばかりではない。

要するに、バランスですね。

うまくいかないのは、教師の責任でもあるし、子どもに問題があることもある。

自分自身の教育の責任を問い直しつつ、しかしながら、あまりにも責めすぎないようにも注意したいところです。

第四章

パフォーマンスを改善する

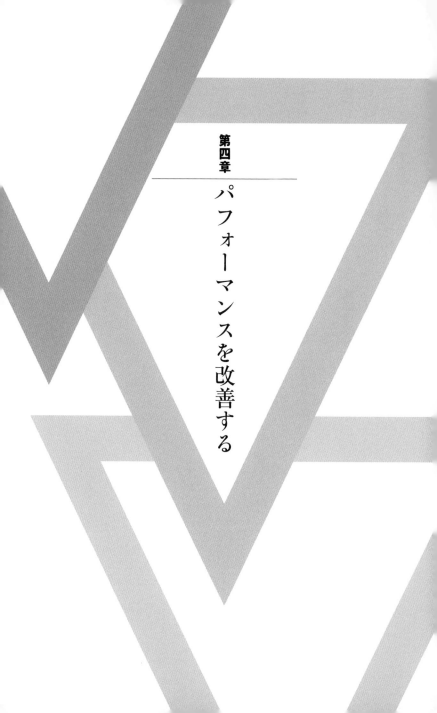

★1――ジェスチャーの教育的効果

◉ジェスチャーは子どもの学びを促進する

子どもたちを今より賢くするには、どうすればいいのでしょうか。

シカゴ大学の心理学者スーザン・ゴールディン・メドウをリーダーとするチームが行った研究では、課題を説明するときに、あるものを交えるとよいとされています。

それは、「**ジェスチャー**」です。

数学の課題をどのようにして解いたのか、意図的に手振りを使って説明するように指示します。子どもは身ぶり手ぶりのジェスチャーを使い、説明します。

そうしてジェスチャーを用いた子どもは、続けて出された2問目でも優れた答えを導き出したとされています。

話すときにジェスチャーを使うと、話の理解がより深いレベルに達していくことが明らかになっているのです。

でも、なんだかちょっと不思議に思えますよね。

「この問題について、となりの人と話し合います。身振り手振りを交えて伝えるようにしなさい」という指示は、なんだか子どもの思考を妨げてしまいそうな感じがします。

「考えを伝える」のにプラスして「手まで動かす」というのは、より複雑な課題を与えている感じがしてしまいます。


しかし、ジェスチャーを交えると、脳の働きの負荷はむしろ「軽減される」としています。


知識というのは、言葉で表現される前に、ジェスチャーで表現されるものなのです。

私たちが物忘れをしてしまったとき、「あの、ほら、こういうやつ」なんて、ジェスチャーで表現することがあるのではないでしょうか。

知識が、知識として得られるまでに、次のような段階を経るわけです。

①無意識に知っている
②ジェスチャーで表せる
③言葉にできる

実は、ジェスチャーで表すことというのは、無意識で知っていることと、言葉にできることの間にあって、つなぎの役割を果たしてくれるのです。

◉教師がジェスチャーを用いるメリット

研究では、教師がジェスチャーを交えることのメリットも述べられています。教える側の教師にとっても、効果的な働きがあるとしています。

> ①教師が授業でジェスチャーを使って伝えた情報を子どもはよく学習する
> ②指導の方略として教師が授業でのプレゼンに手ぶりを意識的に使用すれば、子どもは授業からより多くのことを学ぶ
> ③低年齢期の子どもたちは、教師が重要なところを大きな手ぶりで示せば、有能な教師だと見なす

これまではジェスチャーというのは、「コミュニケーション力の高い人がプラスアルファとして行うもの」とされてきました。

でも、子どもは教師のジェスチャーから情報を取り出しているのです。

教師が教えるときはいつでも、子どもは教師の腕や手、体の動きを見て学習しているのです。

つまり、子ども自身もやることが大事だし、教師も説明する際に大事、ということです。

私たちは「学習」というと、つい言葉に頼りすぎてしまいがちです。

でも、学習というのは、言葉のみからではないのです。

自転車が乗れるようになったときに、言葉から学んだでしょうか。言葉ではなくて、上手に乗れる人とか、自分の体の感覚とか、そういうところから学んでいるはずです。

こういう知識を、「**暗黙知**」といいます。

暗黙知と、知識の間にあるもの。それが、ジェスチャーなのです。

子どもの活動の中に、意図的にジェスチャーを取り入れていく。

そして、教師がジェスチャーを交えるようにして、その動きの中から学べるようにしていく。

授業を行ううえでは、どちらも大切にしていきたいところです。

★2——子どもとの距離を変化させる

◉空間のもつ意味をとらえる

子どもを叱るとき、あるいはほめるときに、どのような距離で話すようにすると効果的なのでしょうか。また、授業中の子どもと教師の距離は、どのくらいが適切なのでしょうか。

ここでは、子どもと教師の「物理的な距離」について考えてみましょう。

アメリカの文化人類学者のエドワード・T・ホールは、「距離学」を提唱しています。

たとえば、彼は次のように言います。

> 「空間の変化は、コミュニケーションにある調子を与え、それを強め、時には言葉を圧倒する」

ホールは、距離のもつ意味を次のように定式化しました。

①親密距離（15～45cm）

――相手の臭いや体温が感じられる距離。家族、恋人や親しい友人で許容される。

②個体距離（45～120cm）

――友人、知人などとの通常の会話が行われる。

③社会距離（120～350cm）

――社交的な間合い。ビジネスの話などに使われる。

④公衆距離（350cm以上）

――公共的な間合い。多数者を前に緊張せずに働きかけができる。

ただし、距離感は国や民族で異なるとされており、日本人はもう少し短い間合いを用います。東北福祉大学教授の上條晴夫先生は、この距離を用いた指導方法の実験を行っています。

忘れ物をしたとき、上條先生は自分が椅子に座った膝の間に子どもを立たせて、両手で体を抱えるようにして叱っていました。

それだと、子どもにあまり反省の色は見られませんでした。

しかし、１ｍほど先に立たせて厳しい声を出すと、その子の目から大粒の涙が出てきました。

それで、実験を中止することにしたそうです。


子どもと教師の距離の効果について知ってから、私も距離を意識するようにしてきました。

子どもをほめたり、なぐさめたりするときには、できるだけ近くに立つ。

反対に、叱るようにする場合には、長めの距離をとって指導するようにしてきました。教室で叱る際には、あえて教卓を教師と子どもの間にはさむようにして指導すると、さらに距離が生まれるように感じられます。

◉授業中は子どもに近づく

では、授業の最中に、教師と子どもの距離はどうあるべきでしょうか。

教師が子どもに近づいてくると、子どもは「**すぐに対応してくれた**」と気づきます。

自分が学習に取り組んでいることを認めてくれたと感じることで、教師と学習者の心理的な距離が縮まります。**教師に認められたと感じることができるため、より熱心に集中して学習課題に**

取り組むようになるとされています。

アレン博士は、授業中に教師が子どもに近づくことについて、次のように結論づけています。

> 教師が学習者の物理的・心理的距離の近さを体言する行動をとることと学習者の情意要因とは関係がある。そして情意要因の高さは思考の深さと関係がある。（中略）したがって教師が学習者の動機づけ面、情意面に働きかけることは、学習者の学力を高めることにつながる

教師が子どもに近づくことによって、教師の関心と気遣い、そして熱意を子どもに伝えることができ、それが子どもの学習によい効果を生み出すのです。

子どもとの身体的な距離を調節してみましょう。

きっと、指導や授業によい変化が表れることでしょう。

★3——表情をつくる

◉アゴの角度を調整する

教師は、見られる仕事です。

子どもから見られていることはもちろんのこと、保護者会などでは、「どんな先生なのだろう」と保護者の方からも見られます。

見た目について意識して行動できるようにしたいものです。

できるだけ見た目をよくする方法として、「**アゴの角度**」が挙げられます。

カナダのマギル大学の心理学者マイノルトはCGを用いて、顔の印象の変化を検証しました。アゴを10度ずつ上げたり下げたりした顔のCGをつくり、それぞれが見る人にどのような印象を与えるか調べました。

その結果、20度アゴを上げた顔は、非常に快活な好印象を与えるという結果が得られました。30度アゴを上げた顔は尊大に見えることもわかりました。

一度、鏡を見ながらアゴを上げ下げしてみましょう。

アゴを下げてみると、不機嫌そうな表情になることが感じられるはずです。

学級開きや保護者会など、好印象を得る必要のある場面では、ややアゴを上げるようにすると、さわやかな印象をもってもらえるということになります。

大事な場面の前には、アゴを20度上げる練習と、笑顔の練習をやってみましょう。

◉目の大きさが印象を変える

また、目の大きさにも気をつけたいところです。

「瞳孔の広がり」における研究の第一人者であるアメリカの心理学者エッカード・ヘスによる実験で、「人は興味のあるものや心地よいと感じるものを見ることで、瞳孔が大きく開く」ということが指摘されています。

つまり、瞳孔の大きさによって、相手がその物事に対して本当に興味があるかどうかを知ることができるというのです。

瞳孔が大きい表情は、男性であろうと女性であろうと関係なく、いきいきと輝いて見られ、好印象を与えるということがわかっているのです。

したがって、子どもの前に立つとき、特に出会いの場面では、大きく目を開くようにするとよ

よろしくお願いします…
大丈夫かな…？
よろしくお願いします！
安心!!
20°

アゴを下げると**不機嫌**
目を縮めると**怖さ**が増す

アゴを**20度**上げると**快活**
目を大きくすると**好印象**

い印象が与えられるといえるでしょう。

反対に、教師が子どもを叱らなければならないときには、目を細めるようにすると、瞳孔が小さくなるので、こわさが増します。細目にするだけでも、怒りを表現することができるのです。

小さな変化ですが、見た目が与える印象は大きなものです。

鏡を見ながら試して、自分の表情が与える印象について確認してみましょう。

★4——3つの声を使い分ける

◉声の高低をコントロールする

「メラビアンの法則」を知っていますか。

この法則によると、人が話を聞くとき、「話の内容」に影響を受けるのはわずか7％であり、「声や態度」が影響を受ける要因の93％を占めています。人に影響を与えるためには、話の内容も大切なのですが、それ以上に「話し方」を工夫することが大切です。

「よい声」で話すことが「よい授業」「よい指導」へとつながります。

よい声を出すためには、声の大きさ・高低・音色についてコントロールしなければいけません。

中でも重要なのは、声の高低です。

声の高さによって、印象がずいぶん変わって聞こえるのです。

ここでは、3つの声の出し方と効果についてまとめてみます。

①ミドルボイス

ミドルボイスは、快活で積極的な印象を相手に与え、自分の主張をはっきり相手に伝えたいときに最適です。ミドルボイスは、顔の中心、鼻から目と目の間くらいに口があるつもりで、そこから放物線上に紙飛行機を飛ばすようなイメージで発声します。

使うとき

・普段の授業
・子どもや教員との会話
・保護者懇談会

②ヘッドボイス

ヘッドボイスは、体操のお兄さんが「ハーイ！　みんな、元気？」と呼びかけるような感じの声です。無理にノドから絞り出した声とはちがい、抜けるように高い声になるのが特徴です。頭のてっぺんに口があって、そこから声が真上に飛び出すようなイメージで発声します。

使うとき

・朝一番の教室
・学年集会

・同僚・先輩との挨拶

③チェストボイス

どっしりとした落ち着いたイメージを与えるので、子どもを諭したり、同僚の先生を説得したり、悩み事や相談に乗るときなどには最適です。

チェストボイスは、胸のあたりに口があるつもりで発声します。少しアゴを引くと、より深みのある低音になります。チェストボイスの指導を心がけると、穏やかに子どもを諭すことができるようになります。穏やかな声を出すためには、穏やかな表情をつくらなければならないため、総合的に子どもを包み込むように指導することができるようになれるのです。

使うとき

・子どもを諭すとき
・子どもを叱るとき
・年上の同僚と話すとき（やや高音で）
・保護者との個人懇談会

★5——エンドルフィンを出す

◉まずは教師が学びを楽しんでいるかどうか

若手教師のころに、授業にユーモアの要素を加えられるようになりたくて、漫才を習いに行ったことがあります。そこで、プロダクションの社長がこんな話をしてくれたことがありました。

> 「漫才を見たり、音楽を聴いたりすると、疲れているはずなのに、不思議と元気が出てくることがないか。これは、脳内で働くエンドルフィンというホルモンが関係していると言われるんや。エンドルフィンが出ると、脳の活性化や免疫力の向上など、健康促進する働きに関連があると言われている」

私は、「エンドルフィンってが出る、いいことばかりですね」と返しました。

社長は続けました。

「そうやろう？　でもな、観客にエンドルフィンを出させるには、役者とか演奏者自身に、エンドルフィンが分泌されてないとアカンねんで」

なるほど、と思いました。人を心から楽しませるような人は、そもそもその人自身が心底楽しんでいるということなのでしょう。

教師もそうではないでしょうか。

授業を通じて学びのエンドルフィン効果を起こすためには、教師自身がエンドルフィンを分泌しなくてはならない。

すなわち、「この学習、楽しい！」と感じていなければならないということです。

子どもに学びの楽しさを感じさせるために、まずは教師が学びを心から楽しみましょう。

★6——子どもを笑わせる

◉1時間に1回も笑わせられない教師は逮捕する

いい授業をしたいのであれば、「子どもを笑わせること」は必要不可欠です。

> 「笑いのない授業は授業じゃない」
> 「一度も笑いのない授業をした先生は逮捕する」

これは教育界のレジェンド、有田和正先生の言葉です。

有田先生は、教師としての現役時代、授業の最初に日付を記入するときに、その文字に変化をつけていました。やたらと大きな字で書いたり、反対に小さすぎる字で書いたりするのです。

そうしていると、よそ見している子どもも、黒板を注視するようになってきます。

特に低学年の子どもなどは、「先生、字が大きすぎるよ」とか「小さすぎて見えないよ」などと文句をつけます。

しかし、文句をつけるということは、そこに意識が集まってきているということです。それが、集中力につながるのだと有田先生は述べています。

◉簡単に笑いをとる方法

簡単に笑いをとる方法があります。次の3つです。

①言い間違い

「では、今日も国語を学習します。後に続いて読みます。『スイマー』」

「スイミーですよ！」

②書き間違い

「黒板の字を写します。今日は、12月25日……」

「先生、まだ9月ですよ」

「おっと、クリスマスまで飛んでしまいました」

③聞き間違い

「答えはどれですか？」

「Bです」

「いま、美人ですねって言いましたか？」

「言ってません！」

授業中にスベるのはイタいものですが、これらの笑いの取り方であれば、最悪スベったとしてもダメージがそれほどにありません。

間違いをやってみせた後に、「おおっと、間違えました」というようにして、修正すればいいのです。

「この先生は、放っておくと、おかしなことをやり出すぞ」と感じさせられたなら、しめたものです。教師がボケて、子どもがツッコミを入れるという形になるので、参加的な雰囲気も生まれます。

遊び心を大切にしましょう。

ワクワク感を含んだ緊張感をもたせられるようにできるといいですね。

★7――教師がおもちゃになる

◉子どもが教師をイジることで、つながりが生まれる

時には、子どもの相手になって「いじられる」ことも大事です。

いつでもどこでも「厳格な教師」でいては、子どもも窮屈です。特に、休み時間はリラックスして、子どもとの会話を楽しむようにしましょう。

厳しいときと楽しいときのメリハリのある接し方を心がけることで、コミュニケーションが円滑に進むようになるのです。

メリハリをつけるために、教師はどんどんボケてみせるといいでしょう。

教師がボケて、子どもにツッコミを入れさせるようにするのです。

流行のギャグや、ものまねなんかをやってみせるのです。

子ども文化を知っておくために、子どもの中での流行モノには敏感になっておくようにしたいところです。

そうやって仕入れてきたネタを披露してみせると、子どもたちは「先生が変なことを言ってるよ！」「先生、おかしいよ！」というように喜んでツッコミを入れてきます。

そうなれば、しめたものです。

教師がおもちゃのようになってしまうのです。

教師をみんなでイジることによって、子どもたちのつながりも生まれていきます。

このようにして、厳しいときと楽しいときとを子どもたちに示しておくようにします。

そうすると、子どもたちは教師の真剣な話もきちんと聞こうとしてくれるようになります。

★8――ハプニングでも動じない

◉あまり動かないようにする

教師としての威厳を保ち、子どもたちの前に立っていたいと考えるのであれば、「動じない」ようにすることが大事です。ささいなことで動じずに、平然としていることです。

スウェーデンのメンタリストで作家のヘンリック・フェキセウスは、次のように述べています。

> 「私たちは、あまり動かない人ほど地位が高いと感じる」

私たちは、厳かでゆっくりした意識的なふるまいに、社会的な地位の高さや、パワーを感じるのです。何かが起こったときに、あくせくと動き回ったり、不安とともに反応したりするような人は、「自信のない人」と見なされてしまいます。

これは、教師にも大いに関係のある話といえるでしょう。

教室では、日々さまざまなハプニングが起こります。予想していなかったようなことが起こります。

ケンカが始まったり、瓶を落として割ってしまったり、机が倒れたり……

教室では非常に様々な出来事が生じるものですが、そういうものに対して動じないようにすることが大切です。

◉カリスマ先生の授業見学

若手教師のころに、自分の教室が学級閉鎖になったことがありました。

3日間ほど教室に子どもが来ないことになったので、「これは学びのチャンスだ」ととらえました。

そこで、かねてより尊敬していた校内の先生の学級に、一日中入らせてもらうことになりました。その先生が受けもつと、どんな子どもでもやる気になると評判のカリスマ先生でした。

実際に、どの授業でも、子どもたちは意欲的でした。テキパキと動きます。

ところが、途中でハプニングが起こりました。

算数の授業で、準備していたはずの教材が、うまく動かなかったのです。もしも自分なら、「あれ……？　どうすればいいのかな……あれれ？」と、オロオロしてしまいそうなところです。

カリスマ先生は、ちがいました。ニッコリと微笑みながら、こう言ったのです。

「教科書の写真を見ましょう」

焦る様子など、微塵もない。たしかに、教科書にその教材の図は載っているわけで、それで充分に代用できるのです。

私は感嘆しました。「なんと堂々としていることか！」と。そういう落ち着いた態度でいるから、子どもたちも安心して授業を受けられるのだろうなと感じました。

後でカリスマ先生にそのことを訊いてみると、「ああ、あれね、あれはマジでビックリしたよ。ぜんぜんうまくいかなくってさあ……」と、内心は焦っていたことを打ち明けてくれました。

心の中は冷や冷やしていてもいい。でも、子どもに対しては、堂々とふるまうようにするのです。

何かハプニングが起こったときには、一度落ち着いてニコッと笑ってみましょう。

笑顔になれば、周囲も安心します。その笑顔は、「どうなるんだろう」と心配して見ている人を、安心させてくれるのです。

コラム4

同僚の名前の呼び方を正す

職場の同僚のことを、どのように呼んでいるでしょうか。プライベートの場面で、どのように呼んでも一向にかまわないのですが、職場での名前の呼び方には注意が必要です。

職員室で「○○ちゃん、電話だよ」とか、「○○っち、次の授業どうする?」というような話し方をする教師が見られることがあります。これは、いただけない態度ということができるでしょう。

「○○ちゃん」とか「お前なあ」などと話しかけてしまった瞬間から、「友人」に対する態度になることに気づくべきです。すると、甘えとか、妥協の原因をつくってしまうことになります。

社会人としては、大人の呼びかけに対しては「さん」づけで、会話は丁寧語で、というのがマナーです。形式を重んじるべきということではなくて、公私を使い分けるようにするということです。仕事とオフ、それぞれの関係をつくるというのは、それほど難しいことではないはずです。まずは、呼び方から気をつけてみましょう。

第五章

本気の授業をつくる

★1――外部の人を巻き込む

◉誰を巻き込めば、よりよい授業になるかを考える

授業は、教師が計画を立てて実行します。

ただ、必ずしも教師が授業をしなくてもよいのです。

場合によっては、教師以外の人のほうがよいこともあります。

たとえば消防署について学ぶのであれば、消防士に話を聞くのがよいでしょうし、地域の歴史について学ぶのであれば、ボランティアの人に話を聞くのもよいことでしょう。


「誰を授業に巻き込めば、よりよい授業になるのだろうか？」

そのように頭を働かせてみることです。

◉命の授業

石川県の金森俊朗先生は、「命の授業」で有名です。

金森学級の一年間を伝えるNHKスペシャル「こども輝けいのち　第3集涙と笑いのハッピークラス〜4年1組　命の授業」は、大きな反響を得ていて、2004年第25回バンフ国際テレビ祭グランプリや、日本賞グランプリを受賞しています。

金森先生は、性教育をやることになりました。

それで、どうすればいいかと考えに考えて、学級の佐々木さんという子のお母さんのお腹が大きいことを思い出します。

お母さんに正式にお願いをすると、妊娠7ヶ月のお母さんが学校へとやって来てくれました。

子どもたちは、「重たくないのか」とか、「お腹の中の赤ちゃんは、水の中なのに苦しくないのか」などと、次々に質問をしていきます。

一番苦労することについて問われると、次のように答えたそうです。

「夏なので、今日もそうだけどとっても暑くて、でもお腹を冷やしたらいけないし風邪をひいたら大変だし、ちゃんと着るものも着ていないと。それに逆子体操しないといけないし、自由にできないことも多い。その前はつわりといって、食べ物が食べられなくなったり、吐き気をもよおしたり、吐いたりするの。油ものが食べれんくなって、酸っぱいものばっかりほしくなるけん。でも赤ちゃんに栄養あげないといけないので、好き嫌いしておれんし、しっかり食べないとダメなんや」

子どもたちはそれを聞いて、命を体に宿すことが大変なことなんだと、はじめて実感したのだそうです。

◉これから進める単元の教師は誰?

このように、お家の人にだって、教師の一人になってもらうことができるのです。学習を進めるに当たって、教師というのは、あなただけではない。

以前であれば、学校に外部の人が入るとなると、相当な手続きを踏まなければなりませんでした。しかし今となっては、Ｚｏｏｍなどを用いて、授業にかかわってもらいやすくなっています。

これから進める単元について、教師に適している人は誰なのでしょうか。どうやったら、学校へかかわってもらうことができるでしょうか。考えてみると、授業の幅が広がりますよ。

★2——フィードバックを保証する

◉学力向上のカギはフィードバックにあり

・上手に授業をできるようになりたい
・子どもを授業で育てたい

そんな願望を抱いているのであれば、強力な方法があります。

それは「フィードバック」です。**子どもは、フィードバックを受けることによって、「現在の状況」と「望ましい到達度のレベル」との差に気づくことができます。**

「それって本当なの？」

そう感じる人もいると思われるので、自分事として考えてみましょう。

たとえばあなたが、「料理が上手になりたい」という希望を抱いて料理教室に通ったとしましょう。料理教室では、スープのつくり方を習います。

あなたは、初めてスープをつくります。言われたとおりにスープをつくっていきますが、それが正しい方法でできているかどうか、イマイチよくわかりません。

先生はあなたの前を通り過ぎていきます。ですが、一言も声をかけてくれません。

先生は、できあがったあなたのスープを飲んで一言、「C」と述べました。

どうでしょうか。あなたは、このやり方で満足するでしょうか。

「だったら、もっと途中段階で声をかけてほしかった！」というように、きっと不満をもつことでしょう。

でも、学校現場で、かなり多くの教師がこれと同じようなことをやってしまっているのではないでしょうか。

教えることだけは教える。子どもができているかどうか、どの程度のレベルに達しているか、それに対する助言などは与えられない。

そして、テストの点数を通して最終的な成果だけを伝える。

割とよくあることです。先ほどの料理教室の話で満足できていないように、子どももその学習では満足できていないのです。

◉ほめ言葉とフィードバックは性質が異なる

さっきの料理教室の例で必要だったのは、**途中過程のフィードバック**です。「じゃがいもの切り方はバッチリですよ」「少し塩味が足りませんね」「包丁の使い方は、こうするといいですよ」などというフィードバックがあればよかったのです。

フィードバックは、「ほめ言葉」とは性質が異なります。

ほめ言葉には、たしかに「あることを成し遂げたい」という方向に進ませたり、そこで活躍し続けるようにし向けたりすることができます。

しかし、ジェフ・プロフィーの研究によると、ほめ言葉には「学ぶことの支援」ができないとまとめられています。

たとえば、「じゃがいもの切り方がうまい！　キミは料理の天才だ！」と言われればテンションが上がりますし、やる気にはなります。

でも、ほめられること自体で料理がうまくなることはありません。

したがって、ほめ言葉とフィードバックは分けて考えましょう。

よい授業をしたいのであれば、ほめ言葉でやる気を促進しつつ、フィードバックで目的地とのギャップを知らせる必要がある、ということです。

●フィードバックの具体案

では、教師は授業中にどのようなフィードバックができるでしょうか。

①学級全体へのフィードバック

「みんな、いったん手を止めて。こんな間違いをしている人が多いですよ。ここに気をつけてください」というように、全体へと呼びかけます。

学級全体に対するフィードバックは、かなりやりやすいものです。ただ、子どもは「自分事」としてとらえないので、フィードバックとしては弱いものになります。

②グループへのフィードバック

たとえば音読をしているときに、「一班ずつ読みます。さんはい」と読ませる。こうして、一班ずつ「もう少し息を吸って」など、言葉をかけることができます。

③個別のフィードバック

1人ずつ発表させることは、よいフィードバックにつなげやすいものです。ただし、一人ずつ発表させていくことには、フィードバック以前に、「注意を指摘される恥ずかしさ」が混ざってしまうおそれがあります。また、時間がかかるところもあります。

ノートを一つずつ集めていくのはどうでしょうか。放課後の時間を用いて全員をじっくり見ることができます。ただ、時間が経っているので、即時に行動を修正することができません。

個別で行うのであれば、机間巡視が最適でしょう。机の間を歩きながら、子どもの動きを見て回り、言葉をかけ続けていくのです。

◉生活指導にもフィードバックを

フィードバックが効果を発揮するのは、授業だけではありません。

生活指導にも用いることができます。

たとえば、毎日遅刻してくる子どもに対しては、次のように言葉をかけることができます。

「昨日より10分早く来れたね」
「今日は5分前。あと少しだ」
「今日で1週間遅刻なし。がんばっているね」

このような言葉かけも、子どもにとってフィードバックになるわけです。

掃除の時間でも、掃除を行っている様子を見て、声をかけていくことができます。

「手がいっぱい動いていてすごいなあ」
「力強い掃除ができている」
「隅々まで拭くことができている！」

そうやって、一つひとつの活動に対して声を出して伝えていきます。

面と向かって言う必要はなくて、独り言のように述べていくとよいのです。

こうすれば、掃除の成果に対して、その都度フィードバックがなされていることになります。

フィードバックの役割については、なんと約１５０年も前の行動科学から認識されています。

できるだけ多くの機会において、子どもの様子をとらえて、フィードバックとして子どもに伝えていくようにしたいですね。

★3――勉強が苦手な子どもにこそフィードバックが必要

◉フィードバックするためには学力が必要

フィードバックがなければ、人は自分を認識するためのたしかな情報をもつことができません。

これは、能力の高さによってもちがいます。

特に、**「能力を欠いている人は、自分がいかに能力をもたないかを知るための基盤をもたない」**とされています。

この効果は、アメリカ人研究者2人の名前にちなんで、ダニング＝クルーガー効果と呼ばれています。

ある研究で、ダニング博士らは、試験が終わって部屋を出たところで、その試験の自分の得点を予想してもらいました。

すると、驚くべき結果が得られたのです。

学級の下位に位置する学生たちは、自分たちの能力を20％も過大評価しました。

その一方で、最上位の学生たちは、最終的な得点をわずかに過小評価する傾向にあったのです。

最上位の学生は、どうしてそのような結果になったのかというと、「自分にとって課題が簡単だった。だから自分以外の人にとっても課題は簡単である」と想定したわけです。

注目すべきは、最下位の学生についてです。

ある能力に欠ける者は、自己認識能力も欠けるということです。


思い出されることがあります。

それは、漢字テストをしているころによく見られた光景でした。

勉強が得意な子どもや、よく努力して取り組んできた子どもほど、謙虚な発言をします。

「たぶん、96点はとれると思うんだけど……」というように控えめなことが多い。

一方で、学力の低い子どもがテストを持ってくるときには、「うーん、90点はギリギリとれるかな！　たぶんできていると思う！」と言いながら持ってくるのです。

採点してみると、60点程度でした。

端的にいえば、「賢くない子どもは、正確な自己評価ができない」ということになります。

なぜなら、自己評価をするには、それなりの知識をもたなければならないからです。

自己評価が現実のレベルよりも高いことそのものは、肯定的にとらえるのであればプラス思考ともいえるので、生きていくうえでは必要なことかもしれません。

でも、想像の自分と実力が乖離しすぎることというのは問題です。

現実を突きつけるというわけではありませんが、**学力の低い子どもほど、教師からフィードバックを行い、自分自身の課題に気づかせていく必要があるといえるでしょう。**

★4――単元前にしかけをつくる

◉名ヴァイオリニストを育てるには、ヴァイオリンを持つまでが大切

授業に対して子どもの意欲を高めたいと考えるのであれば、授業に入る「前」を重視したいところです。授業を始める時点で、その単元の内容について学びたいと思わせられていたならば、よりよい授業がつくれるはずです。

「攻める学級経営」の授業づくりでは、単元前にもちょっとした工夫ができるようになりたいものです。

多くの名ヴァイオリニストを生み出した、鈴木鎮一という方がいます。

鈴木氏は、幼児の指導を任されたとしても、はじめからヴァイオリンを弾かせることをしません。親がいくらやらせたいと思ったとしても、3歳とか4歳とかの子どもは、「ヴァイオリンの稽古をしたい」と思っていないからです。

そこで必要なことは、子どもが無意識のうちに「自分もヴァイオリンを弾いてみたい」という気持ちをもつようにすることなのです。

では、どのようにすれば、そのような気持ちを引き起こすことができるのでしょうか。

鈴木氏が指示するのは、**「まず、親が1曲弾けるようになること」**なのです。

お父さんとか、お母さんが、自分にこそふさわしいようなヴァイオリンを、教室で弾いて、家でも弾く。家庭では、手始めの曲を毎日聴かせる。

レッスンでは、ほかの子どもたちが弾いているところに座らせておく。

そういうことを続けていると、子どもは自然のうちに「自分もヴァイオリンで遊びたい」と思い始めるようになります。

もう、曲のメロディーも知っている。ほかの子たちも弾いている。

自分も弾いてみたい。遊んでみたい。そんな心が、だんだん育てられるようになるのです。

そこで、次のような会話が交わされます。


「あなたもヴァイオリンをやりたいの?」

「うん」

「きちんとお稽古する?」

「うん」

「では、今度から先生にお願いしてあげましょう」

このような段階を経てから、いよいよヴァイオリンの稽古を始めるというわけです。

◉授業の前にしかけをつくる

この流れを知ったときに、私は「**学校の授業をつくるに当たって、意欲をもたせることに、なんと無関心でいたのだろうか**」と痛感しました。

だいたい、単元の1時間目では、授業内容に関心をもたせるようにするための時間が設けられているものですが、それでも半ば強制的に意欲をもたせている感は否めません。もっと前段階から子どもたちの関心を授業単元に向ける方法があることでしょう。

さっそく私は、体育大会のダンス指導で実践してみることにしました。

体育大会のダンス演技というのは、「子どもの知らない曲」で、「先生が踊ってみせるのをまねする」という指導がなされがちなものです。

それだと、意欲をもたせにくいのです。そこで、私は次の流れで指導をしました。

①休み時間にＢＧＭで曲を流しておく

ダンス指導の1週間前から、休み時間に、体育大会のダンスで使用する曲を教室のＢＧＭとして流しておきます。

②「ダンスリーダー」の子どもにダンスを先に教えてしまう

各クラスから数名ずつ、合計10人ほどのダンスリーダーを募り、休み時間にその子どもたちにダンスを教えます。

③ダンスの曲を発表する

学年全員を集めて、ダンスの曲を発表します。当然ながら、全員「聞いたことがある！」となります。

④先生が踊ってみせる

先生がダンスの見本を踊ってみせます。

⑤ダンスリーダーの子どもが踊るのを見せる

ダンス指導の際には、ダンスリーダーの子どもたちに見本の動きを踊ってもらうようにしました。

実際この流れで授業を進めていくと、自然にダンス指導へ入ることができました。

「音楽を知っている」「先生が踊っている」「ほかの子どもたちもカッコよく踊っている」という状況をつくって、「私も踊ってみたい」という気持ちが起こるように働きかけてみました。

大がかりなものではなくても、ちょっとした工夫で、やる気をもたせるしかけは用意できるのではないでしょうか。

たとえば、理科の授業であれば、単元に関係のある資料を掲示物として教室の隅に貼りつけておく。

朝の先生の話の中に、今日の授業に関係のあるような情報を織り交ぜておく。

実技系の教科では、できる子どもに見本をやってもらうようにする。

そうやって、「学びに入る前」を重視すれば、もっと意欲的に授業に向かわせることができるのではないかと思います。

★5――一つの授業をいくつかに分ける

◉時間配分をどうするか

授業を構成するに当たって、どのように時間配分を決めているでしょうか。「授業時間は45分なんだから、時間配分も何もないじゃないか」と考えてしまうのであれば、一度見直してみましょう。

人は誰しも集中力の限界というものがあります。

だから、集中を保てる時間で区切って授業をするのが効果的なのです。

人間は、およそ15分から20分の間は、注意力や集中力が保てるとされています。子どもたちに新しい情報を教える際には、15分以内に実行する必要があります。

さらに、「分けて行うこと」が効果的とされています。

ドイツの心理学者ヘルマン・エビングハウスによると、2時間学び続けるよりも、1週間以上

の間をあけて、各20分間を6回に分けて練習するほうが、効果が出やすいのです。

小分けの学習を、毎日くり返すようにして行うといいのです。

◉授業時間をユニットに分ける

千葉県の小学校教師、杉渕鐵良先生は、「**ユニット授業**」として、分割する授業方法を提案しています。

たとえば国語なら、挨拶で1分、基礎学習9分、音読5分、教科書『かさこじぞう』など本時の内容を20分、まとめを10分、というようにして取り組みます。

45分の授業の中で、「声を出す」「漢字を書く」「話す」「書く」のすべてを入れているわけです。そのような「短いトレーニング」を組み合わせたものが、「ユニット授業」なのです。

算数であれば、10マス計算（100マス計算を10分割したもの）2分、九九プリント2分、あまりのあるわり算3分、教科書音読3分、反復問題5分、本時の問題を解くのが20分、難問に挑戦が10分、というような構成です。

特筆すべきは、導入で同じ活動をくり返しているということでしょう。

漢字の学習や、10マス計算など、「昨日やったものと同じもの」もしくは「ちょっとだけ変わっているもの」などを、くり返し行うようにします。

ポイントは、時間で区切るようにすることです。

量で区切ってしまうと、このようなユニット学習はあまりうまくいきません。

定められた時間の範囲内で、どこまで取り組むことができるかに挑戦するのです。

勝負する相手は、「昨日の自分」です。

周りとの勝負ではなく、自分との勝負。

こうなれば、どの子どもにも成長のチャンスがあります。

モチベーションを高く維持したまま取り組ませることが可能なのです。

杉渕先生は、著書の中で「**45分同じ内容が続くより、5分を9回やるほうが力になる**」と述べています。そのようにして、授業を小さな区切りに分けて、継続する取り組みを実施してみるとよいのです。

◉ユニット授業をやると起こること

このように、45分の授業をいくつかの区切りに分けるのです。

私自身も、ユニット授業を知ってから、導入部分でくり返し学習を意識してやってきました。

子どもたちは、テンポよく出される課題に対して、次々と取り組んでいきます。

やってみるとわかると思いますが、その勢いはすさまじいものになります。常に時間で区切り、自分の記録に挑戦しようと取り組むので、飽きないのでしょう。

見ていてわかる変化は、明らかに学級全体の給食を食べる量が格段に増えたことです。「短いトレーニング」という例えは、まさにそのとおりです。活動で頭がカロリーを消費しているのでしょう。

ユニット学習に取り組むに従って、子どもたちはどんどん食べるようになっていきました。

学校で定められている45分や50分というのは、子どもが集中して取り組むには「長すぎる」のです。

すべての授業を分けるべきとはいいませんが、いくつかの区切りを設けて授業を進めていくスタイルも、時には有効といえるでしょう。

★6――子どもを位置づける

◉全体をうまく回すことが授業なのか?

私は、小学校教師になってから、毎年平均して2回の研究授業をやってきました。校内研究の研究授業と、所属していた市の体育研究会の研究授業です。

その体育研究会の研究授業後の討議会で、私は次のように指摘されました。

「三好先生は、この授業で誰をできるようにしたいと考えていたのですか」

私は、言葉に詰まりました。

誰を―?

どういうこと?

誰なんてことなど、考えてもいない。

子どもたち全体をできるようにするのが授業じゃないのか?

たたみかけるように、その先生は指摘しました。

「だからあなたは、わからないんですよ。跳び箱の上にまたがって、首をかしげている子どもの気持ちが!……授業を組み立てることに必死になって、子どもが見えていない。一時間ずっと、できないでいる子どもの気持ちが、先生にはわかってないんですよ」

心に刺さりました。

授業は、なんとなく成立しています。

でも、たしかに、子ども一人の気持ちになってみれば、「いくらやっても私はできないんだ」というつらい思いをさせ続けていたことになります。

それ以来、授業を組み立てる際には、どの子どもに焦点を当てて授業を組めばよいか、という点について考えるようにしてきました。

◉たった一人のために授業単元を組む

子ども個人に焦点を当てる授業づくりについて、取り上げたい先生がいます。

静岡県で小学校教師をやっておられた築地久子先生です。

築地先生の授業の特徴は、**「位置づける」**というものでした。

それは、**「たった一人の子に対して自立にかかわる願いをもち、その教師の願いを実現するために、単元を構成し、一単元中、一貫して、その子の変容を見続け、一時間の授業も位置づけた子を変容させるために授業をする」**ということです。

築地先生は、子どもを位置づけると、発問も、資料も、その子専用のものにします。

その子が動くであろうと予想するものを用意します。

それらを、その子の名を呼んだり、その子を指名したり、その子のほうに体を向けたりして、位置づけた子、個人に向かって出していきます。

そして、手立ての効果を、その子が変容するかで確認していくのです。

また、その子が変容するまで、追究の手をゆるめないとしています。

築地先生は、「位置づける」という方法を用いるようになった前後で、変わったことがあるとして、次のように述べています。

「それ以前の授業については、ここでこういう発問をしたとか、あそこでこういう資料を出したという授業の組み立てについては覚えている。ところが、子どものことを覚えていない。

それなのに、位置づけるようになってからは、子どものことを覚えている。

あの時のあの子の横顔とか、あの子の発言とかが、脳裏に刻みこまれるように残り、位置づけた子のことは、何年経っても、ずっと忘れない」


さて、考えてみましょう。

あなたが次に実施する単元は、誰を対象としていますか。

教室の中の、誰を位置づければよいのでしょうか。

★7——どうすれば授業力は向上するのか？

◉長い年数を費やせば、授業はうまくなるのか？

授業がうまくなるためには、どうすればいいのでしょうか。
ひたすらに年数を重ねるしかないのでしょうか。

「習うより慣れろ」
「ベテランになるには10年はかかる」
「プロになるには、10000時間の練習が必要だ」

一般的に、物事に習熟するには、たくさんやることが求められます。
特に日本では、昭和の時代にスポ根漫画がはやっていました。がむしゃらに努力し続けることを美徳とするような文化があるので、「うまくなるためには、長く練習し続けることが重要だ」と考えられがちなものです。

しかし、それは本当でしょうか。

物事がうまくなるためには、「長時間やること」が、本当に効果的なのでしょうか。

◉熟達するのに必要なのは「意図的な練習」である

キース博士とエリクソン博士は、大学生のタイピングのスキルについて調査しました。

タイピングのスキルは、「パフォーマンスを意図的に向上させるための特別な練習をしたときのみ」向上することを発見しました。

技能レベルというのは、ある一定のレベルにまでは成長します。

そして、そこで停滞します。これを「**発達停滞**」と呼びます。

たとえば、私のタイピングのスキルは、画面を見なくても打ち込むことができるようになって、そのあたりのレベルから成長がありません。5年前くらいにそれができるようになりましたが、そのころと今を比べても、何も変わらないのです。

自動車の運転を何十年もやっているのに、基礎的なレベルにとどまる人がいます。

毎日やっていると、一定のレベルのところで技能がストップするのです。

ただ単に活動をやり続けることが、その人を専門的技能レベルに変化させることはない、ということなのです。

生きていくうえでは、覚えなくてはならないスキルというのが、いくつもあります。毎日行う運転で、毎回頭を働かせているようでは、困ります。そういう意味からすると、習得した後に「努力なく続けられるようになること」には、一定の価値があるといえます。

ただし、技術を向上させたいのであれば、気晴らし的にやってはいけないということになるのです。初心者から脱却するためにはくり返し同じことをやるのは効果的だけれども、さらなる高みを目指すのであれば、「**意図的な練習**」が必要になるのです。

音楽家であれば、アマチュアの歌い手は楽しさと自己実現のために練習を行います。プロの歌手は、自身の技術を発達させることに注意を払っています。

「頭を使わずにできるようになること」というのは、作業を楽にしてくれるのですばらしいことだけれども、その半面、できてしまうがゆえに「**意図的な練習をする必要性を感じさせなくする**」というおそろしさもはらんでいるわけです。

◉授業力向上に必要なものは「意図的な練習」

さて、教師という仕事でこれを考えてみましょう。

「若手教師のころは、授業づくりにはげんだ。でも今は、大して努力しなくても、そこそこの授業はできるようになった。だから、特に新しい勉強をしていない」

そういう先生は、発問をつなぎ、要領よくこなせることでしょう。

授業準備に時間がかからないようになることでしょう。

しかし、それが高度な授業になるかといえば、そうではないのです。

特に新しい技術や実践を取り入れず、例年どおりで授業をしているのであれば、一定のレベルで授業の力量が「発達停滞」しているのです。

だから決して、年数を重ねれば、よい授業ができるわけではないのです。

授業を上達させたいのであれば、「意図的な練習」が必要です。

授業の中に、新しい技術を取り入れてみましょう。

発問に工夫を加えてみましょう。

それは、努力が必要だし、苦労を伴うものです。

でも、授業の力を向上させようと考えるのであれば、技術の発達をねらって授業を組み立てるほかはないのです。

「**意図的な練習**」を取り入れる

技術力が**向上**する

考えずにを授業をする

発達停滞する

★8——毎朝暗唱をする

◉毎朝、暗唱し続ける

学校という場所は、毎日くり返すことができます。

くり返しが可能であるからこそ、「何をくり返すようにさせるか」が重要といえます。

私の場合であれば、毎朝の暗唱に取り組んできました。

内容については、次ページ以降に、5年生と6年生の一部分を掲載していますので参考にしてください。

月に1回、暗唱プリントを配布します。

朝の挨拶が終わったら、代表者の子どもがタイトルを読み上げて、ほかの子どもも続いて読み上げます。そうすると、リズムよく進めることができます。時間にして3～4分程度です。

代表の子ども「山の高さベスト3！」
子ども全員「山の高さベスト3！　エベレスト、K2、カンチェンジュンガ！」

ほかにも、2年生や3年生では、九九に取り組んでいました。

代表の子どもが3つの段を指定して、班ごとに読み上げたら着席するようにしていました。

代表の子ども「かけ算九九！」
子ども全員「かけ算九九！」
代表の子ども「2、3、5の段！」
子ども全員「2、3、5の段！　にいちがに、ににんがし……」

はじめは、暗唱プリントを見ながら読み上げていきます。

「見ながら読み上げるだけ」です。

それなのに、2週間も経てば、何も見ずに暗唱できるようになる子がほとんどになります。

1ヵ月経てば、もうほぼ全員がプリントを見ずにそらんじることができるようになっています。

子どもたちの長期記憶として残されるわけです。

卒業生と会ったときに子どもたちが伝えてくれるのは「あのとき暗唱やってて、中学校で助かったよ！　だって、年号も、徳川15代将軍も、中国歴代王朝も日本国憲法の前文も覚えてたから」という言葉です。

頭が柔らかいうちに、覚えるべきことを覚えさせてしまうことには、一定の価値があると考えています。

毎日のくり返しの中に、暗唱を取り入れてみてはどうでしょうか。

暗唱プリント　10月バージョン

暗唱プリント5年生

年　　組（　　　　　　　　　　）

①奥の細道

月日は百代の過客にして、行き交ふ年もまた旅人なり。船の上に生涯を浮かべ、馬の口とらへて老いを迎ふる者は、日々旅にして旅を栖とす。

②金の産出量ベスト5（2021年）

1 中華人民共和国（中国） 370t
2 オーストラリア 330t
3 ロシア 300t
4 アメリカ合衆国（米国） 180t
5 カナダ 170t

③数の単位　（小さな数編）

一 いち 1
分 ぶ 10分の1
厘 りん 100分の1
毛 もう 1000分の1
糸 し 10000分の1
忽 こつ 10の5乗分の1
微 び 10の6乗分の1
繊 せん 10の7乗分の1
沙 しゃ 10の8乗分の1
塵 じん 10の9乗分の1
埃 あい 10の10乗分の1
渺 びょう 10の11乗分の1
漠 ばく 10の12乗分の1
模糊 もこ 10の13乗分の1
逡巡 しゅんじゅん 10の14乗分の1
須臾 しゅゆ 10の15乗分の1
瞬息 しゅんそく 10の16乗分の1
弾指 だんし 10の17乗分の1
刹那 せつな 10の18乗分の1
六徳 りっとく 10の19乗分の1
虚 きょ 10の20乗分の1
空 くう 10の21乗分の1
清 せい 10の22乗分の1
浄 じょう 10の23乗分の1

④東西南北（英語編）

東…east　西…west
南…south　北…north

⑤徳川15代将軍

初代：徳川家康（いえやす）
2代：徳川秀忠（ひでただ）
3代：徳川家光（いえみつ）
4代：徳川家綱（いえつな）
5代：徳川綱吉（つなよし）
6代：徳川家宣（いえのぶ）
7代：徳川家継（いえつぐ）
8代：徳川吉宗（よしむね）
9代：徳川家重（いえしげ）
10代：徳川家治（いえはる）
11代：徳川家斉（いえなり）
12代：徳川家慶（いえよし）
13代：徳川家定（いえさだ）
14代：徳川家茂（いえもち）
15代：徳川慶喜（よしのぶ）

2021年作成

暗唱プリント　10月バージョン

年　　組（　　　　　　　　　）

①山の高さベスト３
エベレスト
K2
カンチェンジュンガ

②日本では
富士山
北岳
奥穂高岳

③世界の最小面積ベスト３
1. バチカン市国
2. モナコ共和国
3. ナウル共和国

④十二支
子・丑・寅・卯・辰・巳・午・未・申・酉・戌・亥
ね・うし・とら・う・たつ・み・うま・ひつじ・さる・とり・いぬ・い

⑤月の呼び方（旧暦編）
1月……睦月（むつき）
2月……如月（きさらぎ）
3月……弥生（やよい）
4月……卯月（うづき）
5月……皐月（さつき）
6月……水無月（みなづき）
7月……文月（ふみづき）
8月……葉月　（はづき）
9月……長月（ながつき）
11月……霜月（しもつき）
12月……師走（しわす）

⑥円周率（５０桁）
3.14　1592　6535　8979　3238　4626　4338　3279　5028　8419　7169　3993　7510

コラム5

シャドー授業

授業がうまくなりたいのであれば、「**シャドー授業**」をやってみましょう。

シャドーというのは、ボクシングで行われる練習方法です。

一人で仮想の敵を想定し、自ら立って手足を動かします。

仮想の敵からの攻撃を避けながら、パンチをくり出すなどの攻撃をします。


教育の世界でも、シャドーを用いることができます。

たとえば研究授業とか参観日の授業とか、力を入れて授業をしたい日に向けて、「シャドー授業」で練習するのです。

当日の指導案の流れに沿って、一人で授業をします。

できれば教室でやるのがよいのですが、無理ならほかの場所でもかまいません。

授業のときの言葉遣いで、予定している流れどおりにやってみます。

誰が、どのような発表をするのかも、想定してみるのです。いくつかの返答パターンを想定して授業をやってみます。

思いつく限りの子どもの発言を想定して、それに対するつなぎ方を考えていきます。そうすることによって、子どもの考えに対して、動じずに答えられるようになります。

シャドー授業で対策したにもかかわらず、想定していない答えが返ってくるようであれば、それは教材研究の不足といえるでしょう。それはそれで発見なので、よいことです。

「たった1時間のために、そこまでかけても意味ないじゃないか」と思う人もいるかもしれません。

でも、そうじゃありません。そうやって1時間をつくり上げた経験は、ほかで生きるのです。**シャドー授業をやって練り上げる授業を年間に数本ずつこなしていけたならば、5年も経てばさまざまな子どもの反応に対して受け答えができるようになることでしょう。**

重点的に取り組む授業に向けて、シャドー授業を実践してみてはどうでしょうか。

第六章

自治的な組織をつくる

★1――自治的な組織づくり5ステップ

◉民主的な学級をつくる

学級というのは、社会の縮図のようなものです。

私たちの住む日本社会は、民主主義国家です。人民が国または地域の権力を所有して、それを自ら行使しています。

学校というのは、教育基本法に定められているように、「平和で民主的な国家及び社会の形成者として必要な資質を備えた心身ともに健康な国民」を育成することをその目的としています。

したがって、社会のミニチュアのようなものが、学級の中につくられれば、社会の形成者の資質を養うことができるのではないかと考えられます。

しかし、どうでしょう。あなたの学級は、社会の縮図のようになっているでしょうか。

たとえば、教師が高圧的にルールを定め、そこからはみ出たら厳しく罰するような、息苦しい学級がつくられていることがあります。統治者が一人いて、その一人がルールを決めて、その一人が罰するような社会は、日本社会とはかけ離れています。

民主的な集団づくりを目指していかなくてはなりません。

とはいえ、子どもはまだ子どもですから、急に「自分たちで学級運営をしていきましょう」と指示しても、なかなかうまくはできません。

青山学院大学陸上競技部の長距離監督として初の箱根駅伝優勝を成し遂げた原晋監督は、組織づくりについて次のように述べています。


「強い組織をつくるには、コーチングの前に『ティーチング』です」


目標を実現するためには何が必要で、自分たちは何をすべきなのか、具体的に教える段階が必要なのです。やり方を知らない子どもたちに自主性を与えたとしても、どうすればいいのかわからないうえに、間違った方向へ行ってしまう可能性があります。

それは、楽器が弾けない人に「あなたが考えた表現で、この曲を弾いてみなさい」というようなもので、無理があるのです。

子どもたちが自治的な組織として動くことができるようになるまでには、次の5つの段階があります。

第1段階　教師の指示が通る学級にする

まずは、教師の指示が通る学級にすることが必要です。

この時期をなくして、子どもたちに任せていくと、「何をやってもいいんだ」「好きにやっていいんだ」と感じさせてしまうことになります。

ゆくゆくは、子どもが自治的に学級運営を進められるようになることが理想ですが、集団が誤った方向に進んでしまうこともあるでしょう。

誤った方向へ学級集団が進もうとしているときには、教師が引き止めなければなりません。そのために、「教師の指示が通ること」は大前提なのです。

そういうわけですから、組織づくりの第一歩は、「指示が通る学級にする」ことです。

特に春のはじめが重要です。

基本的なルールに関しては、教師が決めてしまうのが早いし、混乱も招きません。

たとえば、「給食袋は、窓の枠のS字フックにかけます」とか、「朝学校へ来たら、すぐにランドセルをしまい、提出物を出します」というように、やるべきことを伝えるのです。

教師の指示で、全員が動くことのできる学級です。

規則や方向性を浸透させ、学級の土台をつくります。

ただし、ずっとこの時期を続けていると、子どもが教師の指示どおりにしか動かないので、自ら考えないようになってしまいます。

第2段階　教師が全体に問いかける

指示が通るようになってきたら、教師が全体に問いを投げかけます。

そして、全体で解を考えます。子どもが主体になって話し合いを進めるための土壌をつくっておくのです。たとえば、次のように進めていきます。

「もっと早く並べるようにするために、給食当番はどうすればいいと思う？」

さまざまな意見が出されるので、これをまとめていきます。

「なるほど。みんなの意見をまとめると、声をかけあって、2分以内に並べるようにするっていうことですね。では、これでやってみますか？」

こうして、**教師が中心になって、意見をまとめる姿を見せます。**後にリーダーが学級を運営するときのモデルになるわけです。

第3段階　リーダーを通して指示を出す

全体で考えることができるようになってきたら、リーダーから指示を出すよう働きかけていきましょう。

学級の代表となる子どもを選出します。

一般的には、学級代表とか、学級委員とかいうように名前がつけられているものです。どんな学級でもつくっておくようにすることが望ましいでしょう。1年生であったとしても、夏休み明けくらいからは、学級委員を選出することが可能だと私は考えています。

リーダーに対して、「最近、教室移動がダラダラしているので、素早く整列できるように言ってくれるかな」というように、指示を依頼するのです。

教師が言う内容を、リーダーに言ってもらうようにするのです。

第4段階　リーダーに投げかける

教師が方向性だけを代表に伝え、学級代表と子どもが一緒に考えながら動く状態です。

たとえば、「**教室移動に時間がかかっているね。学級の課題だと思うのだけど、君たちはどう思う？**」とリーダーに問いかけます。

リーダーが方向性を考えてもいいし、リーダーが学級全体に「どうすればいいと思いますか」

と投げかけてもいい。

教師が課題をリーダーに投げかけて、リーダーを中心にして子どもたち全体が考えるようにしていくのです。

1・2・3段階を飛ばして、いきなり4から始めてしまうと、子どもが自主性と自由をはき違えてしまうことがあるため、注意が必要です。

第5段階　サポートする

学級づくりの最終段階では、**教師が子どもの学級組織におけるサポーターになります。**

この段階にくると、子どもたちは自分たちで課題を見つけて、解決していこうとするようになります。

リーダーが課題を発見して、学級全体に投げかけて、改善していこうとします。教師が投げかけるのは、「問いかけ」です。

「それをやるのは、いつかな」

「どういう成果が出れば、成功したといえるのかな」

「段取りについて確認してみよう」

このような問いかけによって、子どもたちの自律した行動を促していきます。

――以上のようにして、教師が学級をまとめるところから、徐々に子どもたちが自身で学級運営できるようにシフトし、民主的な学級づくりを目指していくのです。

なお、これらの段階というのは、くっきりと完全に分けられるものではありません。そのステージに居続けるのではなくて、スパイラル状に進むようなイメージをもちましょう。たとえば、ステージ2に進みつつ、ステージ1に戻る。そこからステージ3へ進む……このようにして、行ったり来たりしながら進むイメージとしてとらえましょう。

★2――核を育てる

◉学級を率いる人間を育てる

学級を自治的に運営していくに当たって、リーダーを育てていかなくてはなりません。

「教室にリーダーを設けません。班長など存在しません」という学級を見ることがあります。

でも、そういう学級は概して教師が子どもたちに指示を出して、子どもたちがそれに従って日常を送るという生活をしています。

子どもたちは、教師の言うことを聞いていればいいわけです。

たしかに、それで大した問題はあまり起こらないかもしれません。

しかし、「民主的な態度」を育成できているかどうかを考えると甚だ疑問です。

日本というのは、一人のリーダーがいて、その人の言うことに黙って従うような国なのでしょうか。また、私たち教師は、従順な国民だけを育てればよいのでしょうか。

そのように問われたとすれば、返答に困るのではないでしょうか。

子どもたちが自分たちで組織だって学級生活を送れるように育てていく必要があります。

それには、学級をいくつかの集団に分けて、それぞれのグループで自立して活動できるようにする必要があります。

そのようにして自立して活動するためには、集団を率いるリーダーが必要になります。

教室におけるリーダーというのは、学級委員もそうですし、班長もそうです。係活動の代表だってリーダーです。グループをつくったら、リーダーを決めさせるようにします。集団の中心となる、核となる人間を育てていくようにすることです。

１９６０年代に子どもたちの集団がもつ力に着目して立ち向かった中学校教師の大西忠治先生は、リーダーを育てることについて、次のように述べています。

> 私は「リーダー」が「優秀な人間」でないことを子どもに教えたいのである。「リーダー」になれない……などという考えが正しいのか?をこそ考えさせたいのである。技術者になれないなら、経営者になればよい。野球の選手になれないなら、文化的な方面の才能があるかどうか考えればいい。「リーダー」も一つの役割であって、「リーダーシップ」も一つの能力ではあるが、一つの能力であって、それを優秀者、特別なもの……と考えるのは正しいかどうか? リーダーが、特別の地位と名誉と、財力を得るこの

社会は正しいのかどうか——それを考えさせたいのである。

子どもたちは代表者を選ぶときに、「賢い子」とか、「運動ができる子」を選ぶことが多く見られます。しかし、それは必ずしも正しいこととはいえないでしょう。

集団を率いるリーダーは、そういう能力に秀でているからなれるものではありません。みんなのために何かをすることや、自分以外のほかの人のために何かをするということをやれる、徳のようなものを備えている人が代表たるべきでしょう。

子どもたちが班や係で代表としてふるまうのは小さな経験かもしれませんが、それが彼ら彼女らの人生で、とりまとめるときの基礎的な力となることでしょう。

「集団とは何か」「リーダーとは何か」

このようなことについて、教師が自らの言葉で語り、教室の中に核を育てていきましょう。

★3 「2・6・2」の法則

◉集団は「2・6・2」に分けられる

学級組織の力について考えるとき、一つの指針になるのが、「2・6・2の法則」です。どんな組織でも、優秀な2割と、平凡な6割と、問題がある2割が存在するという考え方です。「2割8割の法則」とか「ニハチの法則」などと呼ばれることもあります。

学級においては、先生から注目され、成績も優秀でほめられてばかりいるのが、上位2割。

そして、いわゆる「ふつう」の子どもたちが6割。

叱られていたり、手がかかったりするメンバーが2割いる、ということになります。

便宜上、上位をA層、中間層をB層、下位層をC層と呼ぶことにします。

学級経営をするに当たって、注目すべきは、どの層になるのでしょうか。

私が注目すべきと考えるのは、B層です。

その人数が、6割であることを鑑みれば、それが学級経営にどういう影響をもたらすかは容易に想像がつくのではないでしょうか。

このメンバーが、下の2割に引き寄せられるようであれば、「8割が問題がある学級」ということになります。こうなると、学級経営はかなり苦しい状態になります。

その一方で、上位の2割とともに行動しようとするのであれば、その学級はかなり前向きな雰囲気になります。

A層というのは、総じてやる気がある子どもたちです。勉強も運動も、よくできます。家の人からも、近所の人からも、よくほめられています。C層も、叱られたり、学習支援を受けていたりして、ある意味で教師から注目されています。

一方で、中間層のB層の子どもたちは、あまり教師から見られることがありません。所見を書くときに、なかなか書くことが思い浮かばない子どもがいませんか。そういう子どもは、だいたい決まってB層の子どもです。

目立つことなく、やるべきことはやりつつ、しかしそこまで大きな成果を出すこともない……。

そういう子どもを、どんどん取り上げていくべきなのです。その子どもたちを育てるためにも、学級経営をより円滑に進めるためにも、B層の子どもに注目してみましょう。

★4――班長会議をする

学級の統制がとれてきたら、小集団のまとまりをつくれるようにしましょう。**学級というのは、大きな集団です。大きな集団は、小さな集団に分けてまとめていくようにするのです。**

◉代表だけで話し合う機会をつくる

国家も、県や市町村など、小さな集団に分けられています。

その中で、市長や知事などがリーダーシップを発揮して、まとめているものです。

そういう小集団がたくさん集まって、国家という大グループが成り立っているわけです。

ですから、学級も、小集団に分けて自治的に育てていくのがよいといえるでしょう。

学級における小集団とは、班です。席の近い人たちで、3～4人程度のまとまりをつくります。

その中で、班長を選びます。席替えを終えたら、すぐに実施するようにしましょう。

選び方は、選任でもいいし、ジャンケンなどでもよいでしょう。

いわゆる「エリート」だけが班長になれるというわけではありません。どんな立場の子どもでも、班長になる資格があるのです。

班長というのは、その小集団の代表であり、その班がよくなるか悪くなるかは、班長にかかっているといえます。そういう自覚をもたせたうえで、班長を選ばせるようにしましょう。

できれば毎週1回程度に集まりの時間を設けて、班長会を開きます。

たとえば金曜日の昼休みなど、時間を決めておくようにします。

場所は、教室以外の場所でやりましょう。周りの子に阻害される心配もないし、何よりも特別感が演出されます。

班長会では、主に次のような事柄について話し合います。

①学級会に提案する原案
②自分の班の問題点、悩み
③ほかの班への要望
④係活動の点検
⑤来週の学級の予定の連絡

まずはじめの時期は、②と③を中心に話し合いを進めるようにします。

班長たちに、自分の班のあり方について考えさせるようにするのです。
あとは、その時々に応じて必要な話題を話し合うようにします。

教師からは、「班長のリーダーシップ」として、3点について語ります。

・班長は、班のメンバー一人ひとりを大切にすること
・班の力を高めるにはどうすればいいのか、問題をとらえること
・起こった問題に対して、班長会全員で考えること

このような指導を継続する中で、班長のリーダーシップを育てていきます。
こうして班が育ち、学級全体が育っていきます。

★5――係活動にミッションを与える

◉なぜ係が動かないのか

教室という組織は、いくつかの小グループで構成されています。中でもわかりやすい小グループは、係活動のグループです。

掃除当番や給食当番などは、学校生活を送るうえで、「なくてはならない活動」です。特に当番は、ほぼ決まった手順がくり返されるような活動内容です。

一方で、係活動は、創意工夫したり、考えたりすることができます。子どもの取り組み方次第で、いくらでも価値あるものに仕上げることができるのです。

ところが1学期など、学期のはじめは、係活動がなかなか機能しません。

本来であれば、休み時間などに係のメンバーで集まって打ち合わせなどを進めていけるのが理想ですが、それぞれ好きなことをやっているので、係活動のことなど忘れてしまっています。

結果として、「1学期の間まともな活動を何もしなかった」というような事態もあり得ます。

子どもに「やりきらない」体験をさせるのは、よくないことです。

なぜならば、その経験は、「仕事を任されたときは何もしなくてもよい、むしろ何もしないほうが楽だ」というような、誤った成功体験を積ませてしまうことになってしまうからです。

どうして子どもたちが、係活動を進めることができないのか。

それは、係活動が「課題を見つける」→「解決策を考える」というプロセスを経るものだからです。2段階あるので難易度が高く、どちらもできる子どもは少ないのです。

◉ミッションを与える

そこで有効なのが、「ミッションを与えること」です。課題だけを示して、具体的な解決方法は子どもに委ねるようにします。

たとえば、掲示係に対しては「後ろの壁をきれいにしてください」というようにミッションを与えます。すると「掲示物をはがそう」「黒板をきれいに消そう」など、自主的に活動することができるようになります。指示が具体的だと、終えてしまえば終了ですが、抽象的な課題であれば、自分たちなりにさまざまな活動を考えて行動することができるのです。

特別活動の時間で、20分ほどを用いて次のように指示します。

> 「今日は、係活動を行います。それぞれの係にやってほしいミッションを先生が考え

ました。まずは、これを達成してください。達成できた係は、ほかにもできることはないか、考えて活動します。画用紙やペンは、教卓に置いているので、好きに使ってください。では、係のリーダーのところに集合して、活動を始めましょう」

たとえば、次のような内容のミッションを紙に書いて渡します。

体育係→準備運動で、体力をつけるにはどうすればいいかを考えましょう。
音楽係→音楽室に行くまで、きちんと整列できるようにするためにはどうすればいいかを考えましょう。
配達係→配達ボックスに配布物がたまりがちです。たまらないようにする方法を考えましょう。

このようにして課題を与え、解決策を考えさせるようにして、自主的に活動する態度を育てていきます。係活動が全体的に正常に機能し始めたならば、ミッションを与えることはやめるようにしましょう。

★6——子どもがケンカを仲裁する

◉オランダのピースフルプログラム

あなたの学級では、ケンカが起こったとき、ほかの子どもはどういう反応をするでしょうか。

「先生、ケンカが起こってるよ！」

「先生、早く来てよ！」

そんなふうに、先生を呼ぶのがふつうではないでしょうか。

でも、世界を見てみれば、子どもたちが自分たち自身でケンカを解決する取り組みをしている学校もあるのです。

オランダの「ピースフルスクールプログラム」の取り組みを紹介します。

１９６０年代以降のオランダでは、イスラム教徒と移民との間の摩擦が問題でした。

「価値観のちがいを乗り越えてお互いの文化を理解し合う」「それぞれ自分の価値観にもとづいて生きる権利がある」

このような市民性を養う必要性があるということになりました。

そこで、子どもたちの市民性を育てるために、**「ピースフルスクールプログラム」**が進められるようになります。

「ピースフルスクールプログラム」という授業は、ユトレヒトにあるエデュニク社という教育サポート機関が、ミシャ・デ・ウィンター教授の指導のもとで開発した授業プログラムです。

そのピースフルスクールプログラムの取り組みの一つが、**「上級生メディエーター」**というケンカ仲裁者の養成なのです。

上級生である小学校5年生と6年生の子どもたちの中から希望者を募って、一定期間養成講習をして、メディエーター（ケンカの仲裁者）の資格をとらせます。

養成講習では、次のような内容が教えられます。

①両方の言い分によく耳を傾けること
②対立はあって当たり前で、それを避けよう、なくそうとする努力は必要ないということ
③ケンカをしているどちらか一方が有利な結果に終わることのないよう、つまり「ウィンウィン」に終わり、双方が納得できる結果を導くようにすること

修了証をもらった子どもたちは、帽子やチョッキを着て、毎週2人ずつパートナーを組んで当番となり、ケンカをしている子どもたちの仲裁をします。

「3つのルールがあります。問題を解決しようと努力します。ほかの人をののしりません。相手の話をさえぎりません。この3つのルールに同意しますか?」

このような合意を得てから、双方の話を子どもが聞き取ります。メディエーターは、それぞれの言い分を自分の言葉で言い換えるようにしながら話を聞きます。

「あなたの言い分は?」「話は合ってる?」「どうやって問題を解決したらいい?」というように、

質問を投げかけながら解決へと導きます。

子どものメディエーターだけでは手に負えないような問題や、放課後になっても解決できないような問題については、先生が後を引き受けます。

ハーグ市にある校長先生は、次のように述べています。

「たいていの問題はメディエーターの仲裁で解決している。小部屋に呼ばれて仲裁されるのは子どもたちにとっても面倒だから、だんだん賢くなっていって、自分たちだけで対立を解決できるようになってきているんだよ」

日本でピースフルスクールプログラムに本格的に取り組んでいる実践例は、ほんの数例にしかすぎません。

しかし、まったく同じではなくとも、たとえば委員会活動の一環としてケンカ仲裁の巡回の取り組みを実施したり、特別活動で友だちのケンカの仲裁の体験をしてみたりするなど、ピースフルスクールプログラムから大事な要素を取り入れることができるのではないかという可能性を感じています。

★7――コーチングで引き出す

◉コーチング・スキルで考えさせる

学級が組織として機能するようになってきたら、教師は子どもたちに考えさせることを促します。ここで役立つのが、コーチングのスキルです。

「コーチング」の言葉を聞いたことがない、という先生はいないことでしょう。

コーチングとは、「対話を重ねることを通して、クライアントが目標達成に必要なスキルや知識、考え方を備え、行動することを支援するプログラム」です。

教室でいうと、教師がコーチで、子どもがクライアントということになります。

教師は、子どもたちが向かいたい方向や、達成したい目標を明確にする必要があります。子どもたちが目標とすることに必要な知識やスキル、ものの見方や考え方を棚卸ししていきます。

そして、知識やスキル、ものの見方や考え方を子ども自身が継続的にバージョンアップし続けます。その結果として目標を達成していく全プロセスを支援することが、コーチである教師の役割ということになります。

◉授業参観での気づき

ある教育実践家の先生の授業を参観しに行ったときのことです。

教室に入るなり、元気な挨拶。先生はまだ教室にいません。

数人の子どもが寄ってきて、「イス、持ってきましょうか。どうぞここに座ってください」など、自分たちで考えて動いてくれるのです。

「すごい気配りのできる子どもたちだなあ」と感心しました。

自分たちで朝の会を終えて、1時間目の準備を考えて行っていました。

その後、担任の先生がやってきて、授業が始まりました。

先生の指示の中には、ほかの先生と比較すると多く見られる言葉がありました。

それは、「問いかけ」でした。

「教室を、グルッと見渡してみようか。何か、気づくことはないかな?」

子どもたちは、見渡した後に、こう返しました。

「窓が閉まったままです」

「そうやな、窓が閉まってるのに、扇風機が回っている。熱風が吹いている……ということは、なかなかおかしな状況ですね、コレは。ほかには？」

「休んでいる人がいます」

「そうやな。休んでいる人がいたら、どうすればいい？」

「机の上に、プリントを入れられるようにしておくといいと思います」

「誰がやる？」

「近くの人です」

「そうですね。助け合いが大切やな。休んでいる人が困ることのないよう、準備をしておいてあげようか」


こういうやりとりが、一日中行われているのです。何度も何度も問いかけをしています。問いかけには、時間がかかります。だって、「窓を開けなさい」と指示してしまえば、子どもは窓を開けに動くことでしょう。でも、それでは「気づく子ども」には育たないのです。

自分たちで考えて動けるように育てるためには、教師が気づくように促すための問いを投げかけていく必要があるのです。これがまさに、コーチングの力によるものだと実感しました。

◉子どもと教師の横並びの関係

子どもと教師は、常に課題や目標を共有しています。

教師と子どもたちとの関係性は、横に並んだ関係です。

そして、**コーチングをするということは、上下関係ではなくて、横に並んだ関係です。**

それは、2人で並んでイスに座って、目の前に立てかけられた真っ白いキャンバスを見ながら対話をしていくようなイメージです。

教師が問いかけて、子どもたちは教師の問いや投げかけられた情報に啓発されて、自由に連想し、言葉を紡ぎ出し、その真っ白いキャンバスを埋めていくのです。

◉未来志向の問いを投げかける

ただし、「何もかも問いかければうまくいくのか」というと、そういうわけではありません。

コーチングを行う際には、「過去の問題」に目を向けるのではなく、「未来の可能性」に焦点を当てていくようにします。

たとえば、子どもたちが朝の時間に、準備が全然できていなかったとします。

「過去の問題」に目を向けると、次のような言葉かけになります。

「なぜ、君たちは朝の準備ができていないの？」

これだと、子どもたちは、きっと萎縮してしまうでしょう。過去に目を向けると、質問というよりも、暗に「きちんとやりなさい」という叱りのメッセージを伝えてしまうことになるのです。

未来の可能性について目を向けると、次のようになります。

「どうすれば、朝の準備ができるようになるだろう？」

これであれば、子どもたちも前向きに意見を出すことができます。

コーチングは、子どもを追いつめて攻撃するためにではなく、子どもの能力や可能性を引き出すために活用するものです。

過去の問題ではなく、未来の可能性に目を向けていきましょう。

★8――協同的な学びをつくる

◉問題の質を1ランク高いものにする

現在の教育においては、「**協同的な学び**」が求められています。

ＩＣＴ機器を用いれば各々のレベルに合った学び方もできるわけですが、協同が必要とされています。ではなぜ、協同的な学びが必要なのでしょうか。

東京大学の佐藤学名誉教授は、協同的な学びについて、次の2つを挙げています。

①協同的な学びを組織することなしに一人ひとりの学びを成立させることが不可能だから

②一人ひとりの学びをより高いレベルに導くためには協同的な学びが不可欠だから

私たちは、ほかの人との協同を通して、多様な考えと出会い、思考を生み出し吟味することができます。すでに知っていることやわかっていることをくり返したとしても、それを「学び」と呼ぶことはできないのです。

一般的な授業において、この学びは成立しているかというと、なかなかそうはならないのです。

一般的なレベルの授業では、教室にいる子どもを学力別に上・中・下と分けた場合に、次のような過程が成り立ちます。

・上…授業で何度も発言しているけれども、簡単に理解できた内容でしかなくて、学びが成立していない
・中…学びを実現している
・下…授業のはじめのほうに少しだけ発言し、後は黙って聞いているけど、理解できないため、学びは成立していない

つまり、一般的な授業をやるのみであれば、中の階層の子どもしか学びを得ていないことになるのです。上と下の子どもは、学ぶことができていません。

では、どのようにすれば上・中・下すべての子どもの学びを成立させることができるのか。

それは、学ぶ内容のレベルを、通常の授業レベルよりも高いレベルに設定することです。

そうしなければ、「上」の層の学びは成立しないことになります。

なおかつ、「下」の層の子どもたちが仲間に問いかけやすい環境をつくっておきます。わからない子どもほど、仲間の援助を求めるのではなくて、自力でなんとかしようとしてしまうものです。だからこそ、仲間に対して「どうしたらいいの?」と援助を求める指導に徹底して実践する必要があります。

このように、子どもが高いレベルの学びに挑戦する機会を提供するのが、「協同的な学び」なのです。

ここでいう「内容レベルの吟味」というのが、ものすごく難しいところです。上のレベルの子どもでもわからないレベルにしなくてはなりません。でも、あまりにも高すぎると誰も届かない内容になってしまいます。

子どもたちの上位層ができないラインがどこかを考え、それに応じた問題内容を見極める力が試されます。

コラム6

自分の武器を生かす

若手教師のころ、先輩の先生に「自分の武器を生かしなさい」と言われました。先輩のアドバイスは、次のようなものでした。

「**教育書とか、そういうところに書かれていることは、結局みんなができることでしかない。そうじゃなくて、君にしかできない、君らしい教育のやり方というものがあるはずだ。君の武器は何だ。それを、生かすようにするんだ**」

たしかにそのとおりです。教育書には、特定の人にしかできないことなんて、そう書かれていません。私にしかできないことが、きっとあるはずだ。

自分の経験を、じっくり考えてみました。

中学から高校までバンドをやっていたことを思い出しました。

それで、エレキギターを引っ張り出してきて、音楽の時間の伴奏でかき鳴らしてみました。

子どもたちは目を丸くして、ドン引きしていました。

「ああ、私の武器はコレじゃないんだ」と反省して、その日限りでエレキギターはしまってしまいました。


先輩からは、さらなる助言を得ました。

「武器は、弱点にあるんだよ」


自分の弱点を考えてみました。

私は、対面でのコミュニケーションが苦手です。

人の様子を見て「今、きっとこういう気持ちなんだろうな」などと推し量ったり、言葉を選んだりすることが、パッとすぐにできない。

「あのとき、なんでこう言わなかったんだ」なんて後悔することは、しょっちゅうあります。

だから、子どものいいところをほめたり、取り上げたりすることに難しさを感じていました。

懇談会などでも、保護者の方にうまく考えを伝えることができずに悩むこともありました。

でも、その分、考えることができます。

文章を書くことも割と好きです。

だから、学級通信に伝えたい言葉をすべて書くようにしてみました。

口下手だったとしても、書いて伝えることで、子どもにメッセージが伝えられます。

文章を書くことによって、子どもをほめることができ、保護者の方にも自身の教育観が伝えられました。

書くことこそが、私の武器だと、そこで気づくことができました。


「ここが短所」と思えていたような自分の部分が、実は長所にガラリと変わることがある。

それはコインの裏表みたいなものです。

短所の中に、自分の武器が埋まっていることがあるのです。


さて、あなたの武器は、何でしょうか。

あなたにしかない、教育のやり方があるのではないですか。

武器を探してみるのは、かなりおもしろい作業になるはずです。

第七章
学級力を向上させる

★1——教師が行動で示す

◉子どもは大人の行動をまねする

子どもは、大人のまねをします。まねの達人です。

子どもにはほかに基準とするものがないために、周りの人の発音や習慣や態度をまねする以外にないのです。

子どもは家族のしゃべり方のまねをして、同じものを食べて育ち、好き嫌いも似てきます。

50年以上前に行われたスタンフォード大学の実験では、未就学児童に、大人がいろいろなおもちゃで遊ぶ様子を見せました。

半分の子どもたちには、大人が一人で静かに遊ぶ様子を見せました。

大人が部屋から出ていくと、子どもも静かに遊びました。

もう半分の子どもたちは、大人が人形を激しく攻撃する様子を見ました。

大人は人形を乱暴に蹴って、部屋中を走り回りました。

大人の行動を見た子どもたちは、同じように乱暴にふるまいました。

その様子は「そっくりそのままだった」と報告書にも記されています。


子どもは、大人の行動を見ています。何をやっているかを見て、それをまねしようと試みるものなのです。だから、教育的効果を高めたいのであれば、「何を言うか」ではなく、「何をするか」で伝えていかなくてはならないのです。

◉安藤先生の宣言

北海道の小学校教師、安藤忠夫さんという先生がいます。

学級開きで初顔合わせの際には、この学級で過ごすうえでの約束事を決めるそうです。

子どもたちにとって、この学級を居心地のよい場所にするためには、「やってはいけないこと」を約束する必要があるからです。

安藤先生は、教師が一方的に約束事を決めるのはフェアじゃないとして、最初にこう宣言するそうです。

「先生は君たちがしてほしいと思っていることを、全部やりたいと思います」

色画用紙の短冊を3枚ずつ渡して、先生にしてほしいことを3枚ずつ書かせるのだそうです。子どもたちからは、さまざまな意見が出されます。

・優しくしてほしい
・一緒に遊んでほしい
・勉強をわかるように教えてほしい
・勉強以外の楽しいことをやってほしい
・自分たちの話をよく聞いてほしい

このような要望が30くらいになります。

安藤先生は、「**このお願いは全部やるから、月に1回、みんなで審査してください。先生が守れていたら、短冊をはずしますね**」と言います。

それから、子どもたちにも守ってほしい約束「ウソをついたときに叱る」「人を冷やかしたときに叱る」「授業中に発表をがんばる」というようなことを伝えるのです。

子どもに約束を守らせる前に、教師が子どもに約束をして、約束を守る行動をやってみせているわけです。

◉学級通信で示す

校内研修テーマが国語であった私は、学級通信で自分の行動を示すようにしました。

「今年一年、みなさんには、『書くこと』をしっかりとがんばってほしいと思っています。ただ、みなさんにだけ求めて、先生が何もしないわけにはいきません。みなさんががんばる分、先生もがんばろうと思います。先生はこれまで、学級通信を200号まで出したことがあります。それで、今年は300号まで書けるようにがんばろうと思います。ともに、しっかりと自分の考えを書けるようになりましょう」

もちろん、学級通信の発行部数がすべてとは考えていません。

私なりに、行動で示そうとしたということです。

自分も書くことに日々取り組んでいるために、子どもたちの書くことへの苦労にも思いを馳せることができました。


子どもに読書を促すのであれば、教師自身が読書をしている姿を見せる。

子どもに挨拶の大切さを説くのであれば、教師同士で挨拶を交わしている姿を見せる。

そうやって、育てたいと思う姿を、まずは教師が率先して行動で示してみせることです。


子どもは、大人の言葉ではなく、行動を見ています。

その姿が、子どもに影響を与えるのです。

★2――苦しい状況ではリフレーミングを

◉前向きなとらえ方に変換する

学級経営をしていると、どうしてもつらい状況が出てきます。

たとえば、学級が終わりにさしかかっているころに、大きなケンカが多発するようになる。そういうときに、学級がネガティブな雰囲気になりがちです。

「ケンカばかり起こるなんて……一年が終わろうとしているのに情けない……」などと子どもの前で漏らしてしまうと、雰囲気が悪化してしまい、結果として険悪な雰囲気で学級じまいの日を迎えてしまうことになります。

よくないことが起こったときには、その事象を肯定的にとらえ直すことができるようにしたいものです。

物事のとらえ方を変えることを、「リフレーミング」と呼びます。

たとえば、先の例でいうと、教師がこのように言うことができます。

「一年の終わりに、トラブルが増えてきている。とはいえ、これは私たちの学級がどのくらい成長したのか、試すチャンスでもあると思う。学級として、このようなケンカが続かないようにするためにどうすればいいのか、一緒に考えていこう」

ここでは、「問題が起こっている→成長を試すチャンス」というように、リフレーミングを行っているわけです。

キーワードになる言葉があります。それは、「**とはいえ**」です。

問題が起こっている。「とはいえ」これは、成長するチャンスでもある

こういうふうに、「とはいえ」という言葉を挟み込むようにすれば、起こっている物事をリフレーミングしやすくなります。

ほかのパターンでも考えてみましょう。

・音楽発表会で緊張している。**とはいえ、**それは本気の証拠である。

・手を挙げたけれども、何も言わずに座り込んでしまった。**とはいえ、**それは何かを伝えようとした意欲の表れでもある。
・徒競走の途中でこけてしまった。**とはいえ、**それは自分の力を100%出しきろうとした結果でもある。

子どもたちは、特に自分の行動に対してネガティブにとらえがちです。
それを、できるだけ多く教師がリフレーミングしていくことです。
そうすれば、教室全体に肯定的な雰囲気がつくり出されていくことでしょう。

★3 「We」を主語にする

◉主語を誰にするか？

ものの伝え方には、「Ｙｏｕメッセージ」と「Ｉメッセージ」があります。

「あなたはこうするべきだ」というのがＹｏｕメッセージであり、「私はこう感じた」というのがＩメッセージです。

基本的に、ものを伝えるにはＩメッセージを重視するべきだとされています。

たとえば、教室が騒がしくて、授業が進めにくいとき。

「静かにしなさい！　授業中なのだから、私語に気をつけなさい！」というのは、Ｙｏｕメッセージです。「あなたは黙れ」ということなので、相手の動きを制限することになります。

一方で、「あなたたちが話していると、授業の進行をうまくできなくて困るんだ」というのは、教師の主観から伝えている話なので、Ｉメッセージです。

これは、教師の主観を伝えているのであって、それに応じるかどうかの選択権は子どもの側にあります。したがって、この伝え方をされると、イヤな感じがしにくいのです。

さらに加えたい主語があります。

それは、「Weメッセージ」です。「私たち」を主語にするのです。


「私語が多い。注意が散漫になっている。

私たちの学級は、このままでいいのか、ということを、今一度考えてみましょう」


「私たち」というのを主語にする。

こうすることによって、伝え手である教師も、子どもたちも、同じ共同体の一員として問題を受け止めていることがわかります。

「先生も〜に気をつけるし、君たちも〜をしていこう」という話し方になるのです。

子どもたちにとっては、安心して受け入れやすくなるのです。

★4――教師の経験を語る

◉震災の記憶

子どもに大切なことを伝えるときには、自分の体験をもとにして語るようにしてみましょう。

実際の出来事や架空の出来事を物語の形で表現したものを「ストーリー」と呼びます。ストーリーを語ることと「説明すること」とのちがいは、情緒的・感覚的描写が加わる点にあります。

それは数字などの情報よりも、大きな教育的効果を発揮することがあるのです。

たとえば、震災など自然災害について伝えたいのであれば、自分の被災経験を話すようにする。

私は毎年1月17日近くになると、一冊のノートを教室に持って行きます。

小学校2年生のときの、自分の「あのねちょう」です。

「あのねちょう」というのは日記帳で、先生に自分の考えを書く綴り方のようなものです。

そこに、1995年1月17日の阪神・淡路大震災のことが書かれているのです。

子どもたちと同じ目線に立って、当時のことを語ることができるわけです。

次のような内容です。


一月十七日火曜じしんがありました。

電気がぐらぐらとゆれました。お母さんが、「あっ。じしんや」と言いました。

それから、ぼくにばさっとふとんをのせてうえからおさえました。お父さんはお兄ちゃんをおさえました。

しばらくしておわりました。

それからみんなで話をしました。

お父さんは、「タンスがたおれてきたらゆうじおさえんとにげてゆうじぺしゃんこになってるとこやったな」と言っていました。今どはお母さんが、「あんたらのつくえ本とかいろいろのっているから何がおちてもかわれへんじゃない」と言っていました。

それから電話がかかってきました。

お母さんはおきていって電話をとりました。

ぼくもおきました。

それで、子どもべやを見にいきました。お兄ちゃんのものはいっぱいおちていました。

でも、ぼくのつくえの上はどうもなっていませんでした。

お母さんのいうとおりかもしれないなと思いました。

でも、ちょっとおちているのがわかりました。

電話しているお母さんのへやでは木の人形がおちてゆかにはあながあいていました。

ガラスとかはわれていませんでした。

でも、水を入れたコップはたおれて水が出てきていました。テレビをつけると、しんど4となっているのがわかりました。

そのつぎにニワトリのコロとボチャを見ていました。

大人べやも見ときました。お父さんの引き出しがあいていました。その日は学校がないとおもいましたが、いっておいた方がいいと思いました。

いこうとしたらまたじしんがきました。

こわいからかいだんでいってそれから船こしくんにインターホンをしたら船こしくんがきました。

やっぱりがっこうは休みじゃないんだと思って学校にいきました。


「あのねちょう」の内容を読み終えた後には、当時の様子についてさらに詳しく伝えます。こうして語っている間、子どもたちは真剣に話を聞いています。

先生が子どもたちと同じくらいの年のころに戻って語りかけてくるようなものですから、子どもも親近感をもって感じ取ってくれるのでしょう。

子どもに伝えたいことがあるならば、あなた自身の体験を掘り起こしてみることです。

教えたい事柄について、あなたはどんな経験をしましたか？

そのとき、どんなことを考えましたか？

自分の人生をふりかえり、そのときの経験を語ってみましょう。

★5――笑顔の練習をする

◉笑顔をつくる活動

新しい学級が始まって、しばらく経っても、子どもの表情がよくないことがあります。何を言っても無反応。緊張感が漂って、自分の意見など言おうともしない。

そういうときに空気をほぐす方法があります。それは、「**笑いの練習をする**」ということです。

たとえば、次のような活動ができます。

「みなさん、表情がかたいですね。いい学級というのは、笑顔があるものです。今から、先生がハンカチを投げ上げます。ハンカチが教卓につくまでの間、笑ってみましょう。

ホイッ」

そうやって、ハンカチを投げ上げるのです。

何度か投げ上げてみます。フェイントで投げるふりをしたり、思いっきり高く投げ上げたりして、楽しみながらやることです。

もし可能であれば、思いっきり笑顔がつくれている子どもに前へ出てもらい、見本になってもらいましょう。

「これぐらい、笑顔いっぱいになるといいね」というようにして笑います。

大事なのは、目的を伝えておくことです。

何のためにやっているのかがわからなければ、やりっぱなしの遊びになってしまいます。

> 「おもしろいから笑うときもあるし、笑うからおもしろくなることもある。賢くなるためには、おもしろいほうがいい。おもしろいゲームをやるときには、ゲームのルールや敵の名前なんかを、スラスラ覚えられるでしょう。賢くなりたいのであれば、楽しんで毎日を過ごすことが大事なんです。だから、めいっぱい笑いましょう」

笑いの練習をくり返していれば、明るい学級ができあがります。

スキマ時間ができた際には、笑う練習を少しずつ続けてやってみてはどうでしょうか。

★6――問題を学級に投げかける

◉学級の問題を子どもとともに考える

学級の問題が生じた場合に、どう対処すればいいのでしょうか。

多くの教師は、これを嘆きます。

たとえば、準備や片づけが遅いときに、こんなふうに言ってしまうことはありませんか。


「まったく……早くしなさいって言ってるでしょう！」

「一体何回言ったらわかるの！」


子どもたちが思ったとおりに動かなければ、イライラする。

それは、自然なことです。

でも、そのイライラをぶつけたところで、子どもたちは何ら変わらないことでしょう。

子どもたちに問題があるのであれば、実はそれは成長のチャンスです。学級に問題が起こって、自分たちの力で解決できれば、それは子どもたちにとって大きな自信になります。

つまり、問題は子どもが伸びることのできるチャンスなのです。

解決方法を考えるのは、教師ではありません。

子どもたちです。

自分で考えて解決できたという実感を体感させることが大切だからです。

たとえば、先生に言われたことを忠実に守って問題を解決できたとしても、子どもたちには達成感がありません。「先生に言われたことをやり遂げただけ」になってしまいます。

自分で決めたことを、自分でやり遂げる。

そのときに、子どもたちは達成感を覚え、学級として一歩成長できるのです。

そこで、学級の問題自体を、子どもたち自身に投げかけてみましょう。

「今、準備が遅いよね。このままだと、みんなの大切な時間が失われてしまうんだ。もしもあと5分早く準備できたなら、もっと早く家に帰れるかもしれない。あるいは、何か遊びができるかもしれない。楽しいことに時間を使えるようになれるんだよ。このままでいいと思う？」

このようにして、子どもたちに尋ねていきます。

ここで、「このままだとダメだと思う」という意見にまとまれば、「では、どうしようか」「何をすればいいと思いますか」というように、具体的な行動を問いかけていきます。

そして、出てきた意見をまとめ、実行可能なものを取り上げてやってみます。

うまくいかなければ、それはそれでまた考え直せばいいのです。

学級の問題が起こると、教師としては頭を抱えたくなるものですが、子どもの成長のチャンスの一つとしてとらえましょう。問題に対して、子どもと一緒に向き合っていくようにするのです。

★7――作戦名をつける

◉作戦が行動を明確化する

子どもたちは、柔軟な頭をもっています。

学級の問題解決に向けて、さまざまなアイディアを出します。

その中でも、実現が可能そうなものを選び取り、実行を決めていくとよいでしょう。

その際に、作戦名をつけると効果的です。

名前をつけると、それだけで愛着がわき、何をするかが意識されやすくなります。

◉自衛隊のABCD作戦

第一次イラク復興支援群長、番匠幸一郎さんのお話があります。

番匠さんは、イラク復興のために200人の陸上自衛隊を率いてイラクに赴きます。その200人全員を無事に帰すことを使命としたそうです。

そこで、出発前に彼が隊員に向かって言ったのが、「ABCD作戦で行こう!」だったそうです。

A…当たり前のことを
B…ボーッとしないで
C…ちゃんとやる
D…できれば笑顔で

ユーモアが効いており、なおかつ明快で、わかりやすいですよね。

このようなイメージで、行動させたいことに名称を決めておくと、親しみが生まれ、取り組みやすくなるのです。

「○○**大作戦**」
「○○**プロジェクト**」
「○○**向上計画**」

このような言葉を下に添えるだけでも、かなりキャッチーな感じになります。

たとえば、スリッパを揃えるのであれば、スリッパきっちり大作戦。
静かに掃除をするのであれば、モクモク掃除プロジェクト。
発表回数を増やしたいのであれば、全員発表プロジェクト。
外あそびの習慣を増やしたいのであれば、体力向上計画、といったところでしょう。

作戦名を考えると、その行動に愛着がわきます。取り組みやすくなります。
一見ふざけているようにも見えるかもしれませんが、計画を行動に移すという点では、かなり大きな効果を生むものだと考えられるでしょう。

子どもと一緒に作戦名まで考えて、みんなで達成に向けて取り組んでみましょう。

★8──TPOを変える

◉気分を変えると指導が入りやすくなる

掃除の時間に、なんだかダラダラしている。

朝の会が、緩慢な雰囲気になっている。討論会が白熱しない。

そんな、ダレた雰囲気が漂っているとき、ついその場で注意したくなるものです。

でも、その場で指導をするよりも、より効果的な方法があります。

それは、「ＴＰＯ」を変えるということです。

Time…時間 Place…場所 Occasion…機会

この３つを変えて行うと効果的なのです。

本来TPOというと、時、場所、場合に即した服装をすべきだというファッション業界の提案として登場したものです。ここでは、変化させる対象として考えてみましょう。

たとえば、掃除について話をするのであれば、「時間」を変えてみる。掃除時間ではなくて授業中に「今から5分間、教室をきれいにしましょう」というようにすると、集中して掃除ができます。

「場所」を変えてみるのもいいですね。たとえば、討論が白熱しないようであれば、いつもとちがう場所で授業をやってみましょう。

朝の会がダラダラとするようであれば、特別活動の時間で朝の会をやってみる。これは、「機会」を変化させていることになります。

たとえば私は、体育館とか、畳の部屋とか、そういう場所で授業をすることがよくあります。

いつもとちがう時間・場所・機会で討論をしていると、そこで受ける指導は、新鮮なものになります。だから、子どもたちも指導内容を受け入れやすくなるのだと考えられます。

指導する際には、子どもの環境をちょっとだけ変化させてみましょう。

★――おわりに

「学級経営でとるべき手法は、学級の状態により異なるのではないか。」

若手教師のころから、私は疑問を抱いてきました。

大学院で学び直す機会を得たので、「攻める学級経営」「守る学級経営」の2種類の学級経営に関する本を書き始めることにしました。

もしも、もう一冊の本を手に取られていなければ、ぜひ読み比べてみてください。

特に、本著「攻める学級経営」においては、「さらなる向上」を目指すための方法を多く述べました。

子どもの力を下降させないようにしつつ、高みを目指すことのできるような実践をまとめたつもりです。

あえて教える道を選んだ者は、学ぶことを止めてはならない。
（ジョン・コットン・ダナ）

学級経営というのは、答えがなくて、どうすればいいのかわからなくて、試行錯誤をくり返さなければならないものです。絶えず、学び続けることが必要です。

本書が、先生たちの学びの糧の1つになれることを願っております。

★――参考文献

河野英太郎『99％の人がしていないたった1％のリーダーのコツ』ディスカヴァー・トゥエンティワン（2013）
内藤誼人『人は「暗示」で9割動く！』すばる舎（2007）
鈴木鎮一『愛に生きる』講談社（1966）
石田淳『マンガでよくわかる 教える技術②チームリーダー編』かんき出版（2015）
陰山英男『若き教師のための授業学　学力を伸ばす学級づくり』日本標準（2010）
金大竜『新任3年目までに身につけたいクラスを動かす指導の技術！』学陽書房（2014）
有田和正『「追究の鬼」を育てる指導技術』明治図書出版（1993）
東井義雄『村を育てる学力』明治図書出版（1957）
ジョン・ハッティ、グレゴリー・イエーツ著、原田信之ほか訳『教育効果を可視化する学習科学』北大路書房（2020）
アンジェラ・ダックワース著、神崎朗子訳『やり抜く力　人生のあらゆる成功を決める「究極

の能力」を身につける』ダイヤモンド社（2016）
深澤久『鍛え・育てる　教師よ！「哲学」を持て』日本標準（2009）
斎藤喜博『斎藤喜博全集　第1巻』国土社（1969）
ヘンリック・フェキセウス著、樋口武志訳『影響力の心理』大和書房（2016）
俵原正仁『なぜかクラスがうまくいく教師のちょっとした習慣』学陽書房（2011）
佐藤学『学校の挑戦　学びの共同体を創る』小学館（2006）
楠木宏『「追い込む」指導』東洋館出版社（2017）
アネット・シモンズ著　池村千秋訳『プロフェッショナルは「ストーリー」で伝える』海と月社（2012）
安藤英明『勉強したがる子が育つ「安藤学級」の教え方』講談社（2014）
白松賢『学級経営の教科書』東洋館出版社（2017）
ケン・ロビンソン、ルー・アロニカ著　岩木貴子訳『CREATIVE SCHOOLS 創造性が育つ世界最先端の教え』東洋館出版社（2019）
中村健一『策略　ブラック学級開き－規律と秩序を仕込む漆黒の三日間』明治図書出版（2018）
上條晴夫『実践　教師のためのパフォーマンス術－学ぶ意欲を引き出す考え方とスキル』金子

書房（２０１１）
原晋『フツーの会社員だった僕が、青山学院大学を箱根駅伝優勝に導いた47の言葉』アスコム（２０１５）
向山洋一『学級を組織する法則』明治図書（１９９１）
佐藤涼子『驚くほど声がよくなる！　歌が上手くなる！　カリスマボイストレーナーりょんりょんのボイストレーニング』東京書店（２０１２）
鈴木義幸監修、コーチ・エィ著『この1冊ですべてわかる　コーチングの基本』日本実業出版社（２００９）
谷口祥子『最新コーチングの手法と実践がよ～くわかる本［第2版］』秀和システム（２０１２）
中村健一『教室に笑顔があふれる中村健一の安心感のある学級づくり』黎明書房（２０１１）
リヒテルズ直子『オランダの共生教育－学校が〈公共心〉を育てる』平凡社（２０１０）
ジョン・ハッティ著　山森光陽訳『教育の効果－メタ分析による学力に影響を与える要因の効果の可視化』図書文化社（２０１８）
菊池省三『授業がうまい教師のすごいコミュニケーション術』学陽書房（２０１２）
金大竜『日本一ハッピーなクラスのつくり方』明治図書出版（２０１２）
土作彰『子どもを伸ばす学級づくり　「哲学」ある指導法が子どもを育てる』日本標準（２０１０）

畔柳修『職場に活かすＴＡ実践ワーク－人材育成、企業研修のための25のワーク』金子書房（２０１２）

田中耕治『時代を拓いた教師たち－戦後教育実践からのメッセージ』日本標準（２００５）

ピーター・ドラッカー『マネジメント』ダイヤモンド社（２０１２）

論文

杉本憲子「上田薫の授業研究論に関する一考察」『日本教育方法学会紀要』第45巻P.61 - 71(2020)

・Goldin-Meadow,S.,Cook,S.W.,&Mitchell,Z.A.(2009).Gesturing gives children new ideas about math. Psychological Science 20(3),267-272.

・Hattie,J.A.C., & Gan,M.(2011). Instruction based on feedback.In R.E.Mayer & P.Alexander (Eds.),Handbook of research on learning and instruction, 249-271.New York:Routledge.

・Dunning,D.(2006).Strangers to ourselves.The Phychologist,19(10),600-603.

・Keith,N., & Ericson,K.A.(2007). A deliberate practice account of typing proficiency in everyday typists. Journal of Experimental Psychology: Applied,13(3),135-145.

★――プロフィール

1986年大阪府生まれ。

大阪教育大学卒。

堺市立小学校教師として13年勤務。

令和4年度より京都大学大学院教育学研究科に在籍。

メンタル心理カウンセラー。

教育サークル「ふくえくぼの会」代表。

著書に『学級あそび101』『国語あそび101』（ともに学陽書房）、『教師の言葉かけ大全』（東洋館出版社）、『子どもが変わる3分間ストーリー』（フォーラム・A）など。

攻める学級経営

2023（令和５）年２月24日　初版第１刷発行
2024（令和６）年６月26日　初版第２刷発行

著　　者：三好真史

発 行 者：錦織圭之介

発 行 所：株式会社　東洋館出版社
〒101-0054　東京都千代田区神田錦町 2-9-1
コンフォール安田ビル２階
代表　　TEL：03-6778-4343　FAX：03-5281-8091
営業部　TEL：03-6778-7278　FAX：03-5281-8092
振替　00180-7-96823
URL　https://www.toyokan.co.jp

装丁デザイン：小口翔平＋畑中茜（tobufune）

本文デザイン：株式会社ダイヤモンド・グラフィック社

組版・印刷・製本：株式会社ダイヤモンド・グラフィック社

ISBN978-4-491-05078-2

Printed in Japan